大家小小书
篆刻　程方平

中国历史小丛书

主　　　编　吴　晗
编　　　委　丁名楠　　尹　达　　白寿彝　　巩绍英
　　　　　　刘桂五　　任继愈　　关　锋　　吴廷璆
　　　　　　吴晓铃　　余冠英　　何兹全　　何家槐
　　　　　　何干之　　汪　篯　　周一良　　邱汉生
　　　　　　金灿然　　邵循正　　季镇淮　　陈乐素
　　　　　　陈哲文　　张恒寿　　侯仁之　　郑天挺
　　　　　　胡朝芝　　姚家积　　马少波　　翁独健
　　　　　　柴德赓　　梁以俅　　傅乐焕　　滕净东
　　　　　　潘絜兹　　戴　逸

新编历史小丛书

主　　　编　戴　逸
副 主 编　唐晓峰　　王子今　　黄爱平
总 策 划　高立志　　吕克农
编　　　委　李洪波　　李鹏飞　　沈睿文　　陈建洪
　　　　　　杨宝玉　　徐　刚　　聂保平　　郭京宁
统　　　筹　王铁英

新编历史小丛书

孙武传

熊剑平 著

北京出版集团
文津出版社

目　录

引　言 …………………………………… 001
一、奔吴 …………………………………… 003
　　1. 兵学世家 ………………………… 003
　　2. 南下奔吴 ………………………… 008
　　3. 著作兵书 ………………………… 011
　　4. 伍子胥的仇恨 …………………… 014
二、吴宫教战 ……………………………… 020
　　1. 新立国君 ………………………… 020
　　2. 两个倔强的男人 ………………… 025
　　3. 两个倒霉的女人 ………………… 030
　　4. 雄霸之主的醒悟 ………………… 035
三、定下伐楚大计 ………………………… 038
　　1. 治军之道 ………………………… 038
　　2. 爱民之道 ………………………… 040
　　3. 楚国摊上了大事 ………………… 044
　　4. 进与退的分歧 …………………… 048
　　5. 伐楚之战的设计师 ……………… 052

四、用奇谋，胜强楚 ·············· 056
  1. 剪除羽翼之战 ············· 056
  2. 疲楚与误楚 ············· 059
  3. 良机出现 ············· 064
  4. 远道伐楚，以迂为直 ············· 067
  5. 大决战 ············· 071
  6. 郢都城破 ············· 074

五、恩仇与功过 ·············· 079
  1. 吴国迎来新对手 ············· 079
  2. 新王即位，旧臣失宠 ············· 084
  3. 功臣忽成罪人 ············· 088
  4. 结局成谜 ············· 092

引 言

春秋时期是"礼崩乐坏"的动荡时期。周王室的式微,导致列国分治,并引发诸侯争霸。争霸战争愈演愈烈的背景之下,战争观念和战争样式等也随之发生剧烈变化。过去那种以"军礼"来指导与制约战争的现象难得再现,"不擒二毛""不斩黄口"等观念渐遭抛弃,重视"诡诈"的战法得到认可和普遍运用。《汉书》中说,"自春秋至于战国,出奇设伏,变诈之兵并作",非常简洁地反映了这一情形。尤其是在南方地区,较少受到中原那套军礼束缚,欺敌误敌、示形动敌等诡诈战法因此而能够得到自由发挥。吴、楚、越之间的争霸战争,都有变诈之术充分运用的典型案例。

身处兵学世家的孙武,敏锐地洞察了战争观与作战样式的发展变化,遂致力兵学理论创新,终于创作而成《孙子兵法》十三篇。这部兵书重视"诡道之法"的运用，充分研究和探讨了一系列的战争谋略，就此而成为不朽的兵学经典，对中国的历史文化等产生了深刻影响。

孙武约与孔子同时，曾以十三篇兵法拜见吴王阖闾，又以宫女"小试勒兵"，以求得拜将的机会。吴王在看到孙武的十三篇兵法之后，知道他是个有本事的人，才肯答应接见这位远道而来的客人。孙武受到召见，来到吴王的宫中后，便有了"吴宫教战"的故事发生。这个故事，对于孙武而言，差点就演变成事故。孙武敢于违抗君命，将吴王宫中一群弱不禁风的宫女训练成为纪律严明的战士，却因此而深深得罪了吴王。过了一些天，吴王还是觉得应以大局为重，于是重新召见孙武并任命为将，与伍子胥一起率兵伐楚。

一、奔吴

1. 兵学世家

公元前672年的春天,正是万物复苏、风和日丽的好时光,宛丘城外也已是桃红柳绿,呈现出一派欣欣向荣的景象。没想到陈宣公忽然动起杀人之念,而且他杀的还不是一般人,正是他的亲骨肉太子御寇。至于杀人的理由,非常简单而又荒唐——宣公想改立宠姬所生之子妫款为太子。

此举立即引起陈国上下一片哗然,更吓到太子御寇的好友陈完。陈完和御寇一向非常友爱,担心灾祸会就此牵连到自己,所以立即逃往齐国。

陈完本是陈厉公的儿子,齐桓公听说陈完前来避难,自然格外重视,随即就想要任命为卿,没想到被陈完婉言谢绝。之后,当齐桓公任命他为工正,负责管理百工时,陈完并没有再拒绝,而且表现得尽职尽责。

看到陈国的贵族投靠，齐懿仲非常想把女儿嫁给陈完为妻，为此特意进行了占卜，占卜的结果是："是谓凤皇于飞，和鸣锵锵。有妫之后，将育于姜。五世其昌，并于正卿。八世之后，莫之与京。"这些话在今天看来有些拗口，但当时的人们都非常明白：陈完的后代会在齐国一直保持兴旺，五代之后就能取得和正卿那样的地位，八代之后更能取得无人可比的地位。对此，齐懿仲虽然将信将疑，但也坚定了将女儿嫁给陈完为妻的决心。陈完则欣然接受，并决定改陈氏为田氏，打算就此在齐国长期定居下去。

陈家，不，此时应改口叫田家，此后确实香火旺盛，而且名人辈出。著名军事家司马穰苴，便是田完的后世子孙之一。此外则还有孙膑，也是一位著名的军事家。其中最著名者，当然要数孙武。因为著述不朽的兵典《孙子兵法》十三篇，孙武在历史上长期享有盛誉。当然，如果单论政治地位，则以田和为高。因为他成功取代了齐侯，使得齐国政权自此归于田氏，姜姓齐国就此绝嗣。

一个家族之内接连出现三位著名军事家，已

经足以啧啧称奇,更为奇特的是,他们的见解和主张并不相同。尤其是司马穰苴和孙武,他们有些军事主张几乎势如冰炭。

司马穰苴,本为田家庶出之子,论辈分,算是孙武的叔父。在得知齐景公提拔其为将军时,就连穰苴本人都不敢相信。他小心翼翼地对齐景公说:"我的地位一向卑微,突然担任要职,怕是士兵们不会服从,权威树立不起来。希望能派一位有威望的大臣来做监军才行。"

司马穰苴塑像

"可以。"齐景公满口答应，于是派庄贾担任监军。

田穰苴随即向齐景公告辞，又立即找到庄贾，并和庄贾约定说："明天正午在营门会合。"

第二天，田穰苴率先赶到营门，立起木表和漏壶，等待庄贾的到来。

庄贾一向骄横，这次临时受命担任监军，自以为得到齐景公的鸡毛令箭，能够目空一切，并没有把田穰苴的约定时间当回事。亲朋好友听到他高升的消息，都从四面八方赶来为他饯行，这庄贾一高兴，就喝醉了。约定时间已到，庄贾没能赶来。田穰苴一直苦苦等候，始终不见人影，不免生起气来。于是他推倒木表，摔破漏壶，当即向众将士宣布各种规章号令。等这些事情做完之后，田穰苴继续端坐大营，耐心等候庄贾。结果，左等右等不见人影，一直等到日暮时分，庄贾这才姗姗来迟。

身为监军，却带头试法，这自然会让田穰苴非常愤怒。他立即把军法官叫来，问道："依照军法，这种行为应该怎么处置啊？"

军法官立即厉声吼道："应当斩首！"这一声大嗓门震天动地，营门内外都吃惊不小。就连路过的小鸟也被吓得惊慌失色，丢下三两片羽毛之后，唰啦啦地飞出去很远。

庄贾这才开始害怕了，他派人飞马报告齐景公，结果为时已晚。还没等救兵来到，庄贾已被斩首。眼看监军被斩，全军将士又惊又怕。

齐景公的使者飞速驱赶马车来到军营，试图挽救庄贾。田穰苴说："将领在军队之中，国君的命令有的也可以不接受。"接着，他又问军法官："驾车在军营里奔驰，依照军法应怎么处理？"军法官再次厉声吼道："应当斩首！"

这种严厉而且不容商量的问答，令齐景公的使者感到异常恐惧。没想到田穰苴忽又改口说道："这是国君的使者，不能斩首。"不过，虽说使者不能杀，田穰苴还是下令斩杀他的仆人和所乘之马，以示惩戒。

自此之后，田穰苴在军中已立威信。晋国军队知道这些情况后，指挥军队后撤。燕国军队也向北撤退，田穰苴指挥齐国军队趁势追击，收复所有失地，胜利而归。到了这时候，齐景公早已变得面色和悦，把使者打的小报告忘到九霄云外，不仅不追究庄贾之死的责任，还将田穰苴奉为座上宾，封大司马，司马穰苴的称呼也就此而来。人们纷纷夸赞司马穰苴能够领会兵法的真谛，申明《司马兵法》的重任非他莫属。

在田家，并不只有司马穰苴会带兵打仗。在齐景公时期，能征善战的高人还可以数到田书。田书曾奉命伐莒，战争进程同样非常顺利，仗也打得干净利落，漂漂亮亮。因为立下战功，田书受封得到一块采邑，还被齐王赐姓孙。田书因此而改称孙书，后世子孙也自此而改姓。

推算起来，孙武正是田书的孙子，本该叫田武，也就此改变了称呼。大家不习惯叫他田武，而是更习惯称孙武。

2. 南下奔吴

齐国在春秋之世始终是一个头等大国。自从齐桓公称霸诸侯之后，齐国在诸侯国之中的地位更是达到了无以复加的地步。随着此后晋文公和楚庄王的先后崛起，齐国的地位才逐渐衰落，但作为大国的根基尚未动摇。

田氏在齐国的地位蒸蒸日上，由于受到齐景公的恩宠，势力得到更进一步的提升。田乞担任执政大夫时，已经开始有意收买民心。他在向老百姓征收赋税时，故意使用小斗收进，赐给百姓粮食时却使用大斗，让老百姓能够从中得到实惠，这自然可以争取民心。

齐景公对此并不加以阻止，但晏子却深表担忧。他曾经多次进谏，但齐景公一概置若罔闻。田氏家族由此而越发强大，民心也就此转向田氏。晏子说服不了齐景公，多少还是心怀怨气。他在出使晋国时，私下对叔向说："齐国的政权最终要归到田氏的手里啊！"

在这样一个有政治野心的家族中成长，孙武一旦表现出过人的军事才能，必然会受到重视。孙武要想顺利南下，达成奔吴的目标，必然需要面对家族之中诸位长辈的质疑。没想到，突然发生的另外一件事，促使孙武下定了离开齐国的决心，并且也获得了族长的认可。

究竟是发生了什么事呢？就是司马穰苴的病死。

司马穰苴是孙武的叔叔一辈，谙熟兵法，善于带兵。对这位"文能附众，武能威敌"的长辈，孙武一贯非常敬重。虽说司马穰苴曾击退燕晋联军，因为战功被齐景公尊为大司马，但也很快因为功高而引来厄运。因为受到齐景公的格外器重，他迅速遭到高、国、鲍诸族的妒忌和陷害。各种诬陷从四面八方传到齐景公耳中，令齐景公感到非常不安。

功高震主向来为国君所忌惮，各种流言蜚语，令昏聩的齐景公感到无比惊慌。他立即解除司马穰苴的官职，并剥夺了他的兵权。这种无妄之灾令司马穰苴心情抑郁，竟然在不久之后病故。

司马穰苴的病死，极大地震动了孙武，令他进一步看穿了齐国政治的黑暗。他明白，自己留在齐国不仅难有作为，还很有可能会像司马穰苴那样，成为各方势力倾轧斗争的牺牲品。所以，他必须要走，到南方去。

可以看出，孙武做出这一决定并非心血来潮，而是经过了深思熟虑。放眼海内，吴国确实是他最为合适的创业之所。吴国地处东南，北与齐、晋相望，南与越国为邻，西接楚国，东临大海，不仅地域辽阔，而且物产丰富。自寿梦称王以来，吴国势运渐盛，呈现出迅速崛起之势。有志之士，正好可以在此发挥才能，建功立业。

孙武更加坚定了意向，做好了南下奔吴的各种准备。见此情形，家人也不再多加劝阻，只希望他能够找到合适的用武之地。

3. 著作兵书

虽说有挣扎和不舍,也有担心和不安,孙武还是挥泪告别家人,赶往吴国。不为别的,只因南方有未来,也有憧憬。

经过长途跋涉,孙武终于踏上了吴国的土地。到了异国他乡,他忽然意识到自己需要面对的是人地生疏和举目无亲的环境。别说建功立业,就连见到达官权贵的机会都很难觅得。如果贸然前往求见或投靠,很容易就被拒绝。到了这时,他开始犹豫了,甚至有点后悔自己当初离家的冒失和冲动。但是,开弓没有回头箭。无论如何,他需要坚持,需要耐心地等待时机。

等待的日子非常磨人,但也并非完全无所作为。至少他可以把想写的那本兵书继续写下去。但是这本兵书应该怎么继续,如何拾起被中断的思路,孙武想了又想,还是没有头绪。

当然,灵感一旦敲上脑门,铜墙铁壁都无法阻挡,写作一本兵书其实也没那么艰难。来到地处江南的吴国之后,人生际遇和周围环境的巨大变化,意外地刺激了孙武,忽然就有了写作灵感。

此时此刻,对于兵书的写作目标,孙武也悄然进行了调整,已经从说服长辈变成了说服吴王。孙武希望吴王能尽早看到他写的兵书,而且要一举打动吴王才行!

随着孙武的南下奔吴,一部惊天地、泣鬼神的兵书就此呼之欲出。影响吴国命运,甚至是左右春秋晚期争霸格局的《孙子兵法》,也就此诞生。

灵感一旦找上门来,必然会文思泉涌,写成一部规模不大的兵书,甚至只需一昼夜时间。即便如此,无论是布局谋篇,还是遣词造句,孙武都经过深思熟虑,慎之又慎。他既需要汲取前人军事思想的精华,同时也要结合时代背景,结合战争活动特点,需要提出自己的独到见解才行。此刻,孙武的写作,不仅是为了说服那些同样熟读兵书的长辈,更是为了说服不知根底的吴王。此时的吴王,对孙武而言,还处于完全陌生的阶段。要想说服对方,必须要下点力气,拿出真本事才行。兵书显然就是一块敲门砖,孙武需要依靠这本兵书来打动吴王。

等到身心双畅、意兴逸飞,孙武凝神静气,

开始重新动笔了。不久之后,书稿写成,孙武长吁一口气。从《计篇》开始,到《用间篇》结尾,总共十三篇,孙武用了不过五千多字。这样的写作规模,一般人都能很快阅读完毕,也能较快领会他的思想主张。长篇大论,怕是只会令人昏昏欲睡,被吴王早早扔进垃圾堆中。

当然,到底能不能打动吴王,就只能交给时间来检验了。因为主题的特殊性,书稿还需交给战争实践来检验。孙武迫切地想要为这一套战争理论找到一个合适的战争舞台,帮助他实现建功立业的热望。

孙武像

完成写作任务后,孙武心情十分愉快,自信心也由此开始变得更加强烈。但是,兵书如何才能交到吴王之手呢?没有机会。至少眼下没有。当然,孙武并不着急。他必须耐心等待,必要等到合适的时机才行。如果自己贸然求见,效果不好,而且会适得其反。因此,只能继续认真准备,继续耐心等待……

就在等待这段时间,孙武意外结识一位朋友,为他实现人生理想带来了转机。这个人就是鼎鼎大名的伍子胥。

4. 伍子胥的仇恨

伍子胥,本名伍员,楚国人,比孙武先一步来到吴国。当然,他来吴国的原因和孙武很不一样。伍子胥是逃难来的,离开楚国的时候显得非常狼狈。

当初,伍家因为伍举而发迹。性格直率、敢于直言的伍举,遇到了一代明君楚庄王,因为敢于进谏而受到赏识,伍家也由此受到楚庄王的特别关照。伍家的后代此后在楚国一直都很有地位。没想到的是,到了楚平王时,这种地位丢失了,而且发生了天翻地覆的变化。伍子胥的父亲伍奢,因为做了太子建的太傅,被动地卷入一场政治内斗。

先是一个叫费无极的坏蛋,奉命为太子建张罗婚事。当他看到女孩子长得漂亮,就怂恿楚平王占为己有。结果楚平王毫不含糊地霸占了未来的儿媳妇。也可以说,是被费无极这路货色蒙蔽了双眼。费无极干了件缺德事,得罪了太子建,还败坏了楚平王的名声,内心也非常害怕。他最担心的是太子建和伍奢报仇,所以就在楚平王面前极力诋毁太子建,诬蔑他谋反。

世界上最恶毒的语言,正从费无极口中喷出。他对楚平王说:"太子因为秦女的原因而生出怨恨情绪。他统率着大军,而且还有意结交诸侯,怕是要进入都城作乱了。"

楚平王吓了一大跳,立即就把伍奢召来审问,随即就把他囚禁起来。他同时命奋扬杀死太子建,没想到奋扬提前透露消息,令太子建有机会逃到宋国。

见此情形,费无极又把目标对准伍家。他对楚平王说:"伍奢的两个儿子都很贤能,不杀掉的话,就将成为祸害。"

楚平王立即对伍奢说:"把你两个儿子叫来,你就能活命,不叫来的话,你就必须死。"

伍奢笑了笑,说道:"伍尚为人宽厚,他一定能来。伍员则桀骜不驯,一定不会来的。"

楚平王不信,派人去召伍奢的两个儿子,扬言道:"来的话,你们的父亲就可以活命。不来的话,就会立即杀死他。"

一切果然如伍奢所料,伍尚立即决定动身前往郢都。伍子胥不仅不愿动身,还拦住了伍尚:"楚王此番召见我们兄弟,只是为了斩草除根,铲除后患。我们一旦去了,就会和父亲一起被杀死。那样的话,我们想报仇都没机会了。一起去送死,没有意义。"

伍尚苦笑:"你说的这些道理,我也知道。去了,也不能保全父亲的性命。但是不去的话,会被天下人耻笑。你快逃走吧,留着机会报这杀父之仇,我只能慷慨赴死,陪父亲去了。"

兄弟二人抱头痛哭一番,伍子胥立即选择出逃。他听说太子建在宋国,就匆忙赶去。伍奢听说儿子已经出逃,慨叹道:"楚国君臣怕是要苦于战火了。"在这之后,伍奢和伍尚果然被杀。

出逃的道路总不会平坦。因为在宋国无法立

足,伍子胥只得和太子建一起逃到郑国。没想到郑定公和子产杀死了太子建,伍子胥只好继续出逃。这一次,他选择的是逃往吴国。到了昭关,一条大江拦住了去路。伍子胥正焦急万分,有一渔翁乘船赶来,渡伍子胥过江。过江后,伍子胥解下随身携带的宝剑说:"这把剑价值百金,只能送你老人家,报答救命之恩。"渔翁婉言谢绝:"按照楚国法令,抓到伍子胥能得粮食五万石,封爵位。"

伍子胥像

伍子胥历经了千辛万苦，靠着沿途乞讨，终于到达了吴都。此时，吴国由吴王僚执政，公子光担任将军。伍子胥又想方设法通过公子光的关系联系上了吴王。

好不容易站稳脚跟，伍子胥立即想着报仇。他内心埋下了仇恨的火苗，随时就会燃烧，随时就会升腾。一旦找到机会，伍子胥就劝说吴王伐楚，他对吴王僚说："楚国是可以打败的，您派公子光去，就可以打败他们。"

没想到公子光表现出一百个不乐意。只见他迅速劝阻了吴王："楚国目前实力强大，轻易不要和他们发起战争。那个伍子胥，是因为家里有亲人被楚王杀死了，所以才竭力怂恿大王出兵攻打楚国，这其实是为了借吴国的力量来报他的私仇啊。大王千万要想明白，这个时候想和楚国人决战，那一定是打不赢的。"

眼看自己的心思被公子光点破，伍子胥不敢再劝说吴王出兵伐楚。但他知道公子光是个有野心的人，隐约感觉他有杀死吴王僚而自立的野心，于是向公子光推荐了勇士专诸。随后，他匆忙离开朝廷，跑到乡下种地去了。

姑苏城外，草长莺飞。孙武和伍子胥这两位

天才军事家这才终于有机会碰面。

两个异乡客,因为不同的人生际遇来到吴国,有着共同的爱好,也有相似的目标,不免会惺惺相惜,互相引以为知己。虽说偶尔会发生分歧,也会不时展开辩论,但都会为对方保留着一丝余地,不会争得面红耳赤。

不管如何,这二人一旦联手,不只是吴国政坛将会掀起一番风浪,楚国也如伍奢所预料的那样,必将会苦于战火。

二、吴宫教战

1. 新立国君

和伍子胥一样,孙武也在暗中窥探着吴国政坛的种种变化。山雨欲来风满楼,吴国政坛变幻莫测,但孙武多少也会有所体察。一旦发生变故,非但伍子胥的前途会受到影响,自己的命运同样也会与之息息相关。阴晴难定的日子里,孙武和伍子胥一样,都需要耐心等待。

公子光正是吴国政坛发生变故的根源。因为他不仅有能力,而且很有想法。伍子胥和孙武也都命中注定要和这个人发生关联。

公子光首先是在战场上证明了自己的军事才能。楚平王十年(公元前519),吴国和楚国之间发生了一次大战。引发这次战争的原因,正是几片桑叶。终止这次战争的,正是公子光出色的进攻战术。快刀斩乱麻似的战法,令楚国人无法招架。

当时，楚国和吴国接壤的边境都以养蚕为业。养蚕必然离不开桑叶，种植桑树是养蚕的必要途径。非常凑巧的是，有一棵桑树恰好长在边境线上，两边都可以够着。两边的妇女都想多采一些桑叶，结果引发了冲突，相互撕打起来。吴国这边的地方官生气了，于是就出动了军队。楚王听到之后，同样非常生气。愤怒之下，他立即下令出兵。战争就这样爆发了，并且逐步升级。因为几片桑叶，两国发生了流血冲突，而且事情越闹越大，变得不可收拾。吴王听到消息之后，丝毫不敢怠慢，立即派出公子光领兵攻打楚国。

虽说兵力不占优势，但公子光的指挥能力明显胜出一筹。不只是进攻颇有章法，而且进退有据，在接连攻克楚国的钟离和居巢之后，公子光并不恋战，果断地鸣金收兵。楚军由此而领教了吴军的战斗力，领教了公子光的作战指挥能力。楚王因此而心存畏惧，于是指挥工匠紧急对郢都的城墙进行加固。

公子光在战争中证明了自己的军事才能，也想在政坛展示自己的政治才能。一切正如伍子胥所料，公子光果然想着弑君自立。

因为做出了成功的预判，伍子胥这次站对了队伍。他除了主动为公子光出谋划策之外，还极力推荐了勇士专诸。这位勇士在刺杀吴王僚的过程中发挥了关键作用。

趁着吴王僚心情高兴之际，公子光邀请他来到自己家中吃烤鱼。这叫引蛇出洞，当然需要精心布置。为了置办好酒席，公子光可谓煞费苦心。他迎合吴王僚的喜好，精心挑选了厨师和舞姬。

吴王僚虽然同意赴约，但也有所防备。他将卫兵从王宫一直排到公子光的家中，可谓密如蛛网，没想到还是丢了性命。专诸事先将锋利的匕首藏在烤鱼的肚子里。在筵席之上，他借着献鱼的机会拔出匕首，成功刺死了吴王僚。专诸随即便被吴王僚的卫队砍成了肉酱，但群龙无首的卫队很快就被公子光驱散。此后，公子光自立为国君，这就是吴王阖闾。

阖闾不仅韬略过人，而且雄心勃勃。在夺位成功后，阖闾首先是稳定国内形势，清剿吴王僚的残余势力，同时立即着手变革图强，为争霸天下做着积极准备。

分析吴国周围所处形势，阖闾并不乐观。

吴国要想取得发展，西有强楚胁迫，南有越国掣肘，北则有齐、晋等强国为邻。在这种情况下，吴国要想实现争霸天下的大业并不是一件容易的事情，但阖闾决心试试。他一面努力发展生产，增强国力，一面选贤任能，广揽人才。

在诸侯争霸的格局中，必须要找到合适的领兵之才。这是吴王最为关心的头等大事。

受到感召，伍子胥立即决定告别隐居生活，充当阖闾的辅佐，与阖闾共谋兴国大计。在夺位

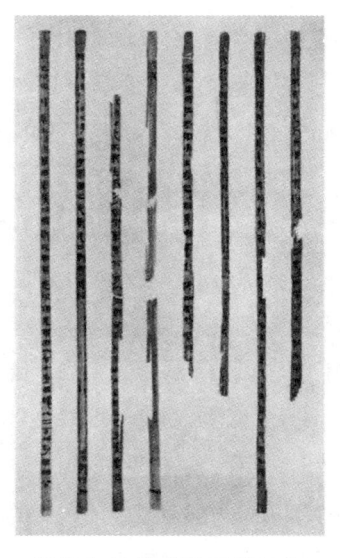

银雀山竹简《孙子兵法》

前后，伍子胥立下奇功，自然会令阖闾对其另眼相看。但吴王深知，伍子胥并不一定是最合适的人选。伍子胥虽为将才，但他与楚王之间有着杀父之仇，如果因为报仇心切而丧失理智，必将会耽误大事。因此，他必须找到更理想的统兵人选。就在这时，伍子胥向阖闾郑重推荐了孙武，也将孙武所著十三篇兵法呈递上来。

因为伍子胥的推荐，孙武也有机会被阖闾召见和重用。得知孙武出自将门，又亲手著成兵法，阖闾自然不敢小觑，迫不及待地展开兵书阅读。刚刚读了一个开头，阖闾便已经被深深吸引。孙武首先强调战争是大事，是安国全军之道，必须要慎重考察。这一点，立即赢得了阖闾的首肯。

很显然，读到十三篇的第一篇《计篇》时，阖闾就已经被深深打动。打动吴王的，除了孙武对战争出色的谋划之外，更有他对战争的认识。孙武说"兵者，诡道"，更是说到了阖闾的心坎之上。战争玩的当然就是诡诈的战法，必须使用一些阴谋诡计才行。阖闾读到这里，不禁怦然心动。这种战争观，与吴王以往所看到的战争，与以往他所看到的那些兵书完全不同，可谓真知灼见。此后，每读罢一篇，阖闾都会在内心暗自赞叹，十三篇兵法的深刻与精妙，都令阖闾情不自禁地啧啧称赞。

花了不多的时间，阖闾便一口气读完了十三篇兵法。他为之击节叫好，同时也有意犹未尽之感。此刻，他已经意识到这部兵书的作者必定是非同寻常，究竟是不是自己梦寐以求的统兵帅才，心头尚存有一丝疑虑。于是，他迫不及待地想要召见孙武。

但是，谁也不曾料到，吴王召见孙武的结果，竟然是血溅吴宫，发生了斩杀吴王美姬的戏剧性一幕。

2. 两个倔强的男人

一切如孙武所料，并不顺利。

阖闾用心寻访的是能够辅佐自己争霸诸侯的得力助手，需要的是帅才，当然不会只凭借几千字的兵书就轻易相信孙武。恰恰相反，他在阅读了十三篇兵法之后，对孙武充满更多的期待，因此更要认真考察。他决定为孙武设置一次非常特别的面试，通过面试来决定是否对孙武进行进一步考察。阖闾已经有了迫切愿望想要认识孙武，更加希望进一步了解他的实际带兵能力。兵书固然写得好看，非常引人入胜，但孙武的实际带兵能力如何，是不是只会纸上谈兵呢，这些都是未知数。

孙武按照约定时间准时来到吴宫。这一天风和日丽，吴宫和平常没有什么两样。红的花，绿的树，蓝的天，白的云，谁都没有缺席。有少数花瓣被风吹落，还未等到零落成泥，就已经被宫女麻溜地清理干净。

始终有宫女在宫中穿梭忙碌，她们虽不是这座宫殿的主人，却要随时进行维护和料理，比宫殿主人还要热心。她们知道，自己的命运完全被别人主宰。包括生与死的权利，都不是自己所能掌控的。

按照宾主之位分别落座之后，阖闾按照平常的待客之道和孙武寒暄起来。多少还要寒暄几句，拉拉家常。这不全是假客套，在一问一答之间，阖闾也可以完成对孙武的考察。

等看到客人面色稍稍柔和，笑容也不再那么拘束之后，阖闾微笑着对孙武说："先生所写的十三篇兵法，寡人已经拜读了，写得很好。"

受到如此肯定，孙武只得连忙起身道谢，而且表示出诚惶诚恐的态度："希望大王多多赐教。"

"寡人其实非常喜欢探讨军事问题，先生也非常精通这些，可以就此请教一二吗？寡人并没什么别的爱好，就是喜欢打仗啊！"

吴王试着用共同的兴趣和爱好来和孙武套近乎，没想到的是，孙武的回答却出乎阖闾的意料。孙武并没有顺着吴王指定的台阶往上走，没有和他继续探讨共同爱好，而是给了吴王一番不冷不热的训诫，结结实实地呛了吴王一口。

只见孙武不冷不热地说道："战争固然是用来追求利益的，但也不要太过热爱。因为它非比儿戏啊！你可别以为它是什么好玩的游戏啊！大王如果当成非常热衷的爱好，用游戏的态度来问我，那我可不敢和你多说什么了。"

吴王是何等聪明之人，他立即就明白了孙武的意思：这小子大老远跑到这里，难不成是为了教训我？他随即就收起强堆的笑脸，收回了各种假客套，亮出他吴王的身份，至少是要给孙武一个下马威。

只见阖闾对孙武说："寡人并不懂得什么

高深的政治道理，也不敢使用这种方法来追求利益。"不轻不重地说了几句之后，吴王告诉孙武说："先生那十三篇兵书写得挺好，但是寡人很想知道先生是不是可以试着带带兵，指挥一下军队，哪怕是小规模的也行。"

到了此刻，怀疑态度已经大块大块地堆在吴王的脸上，谁都可以看得非常清楚。是的，兵书写得天花乱坠的，但不代表你有实际带兵的能力。到底有没有能力，还是要经过检验才行。

面对吴王所发出的态度强硬的挑战，孙武显得毫不含糊："当然可以，而且完全按照大王您的意愿来进行，选用什么样的人来做试验，那都没关系，不论是高贵的还是低贱的，也不管是男还是女……"

孙武原本是将妇女作为最后一个选项，也许只是那么随口一说。没想到的是，阖闾顿时就来了精神。他兴趣盎然地说道："是吗？妇女也可以吗？寡人倒是非常愿意拿妇女试一下！先生您看，我后宫佳丽这么多，您就用她们来组织训练吧，看看结果到底如何。"

在多个选择项中，吴王做出这种选择其实也非常容易理解：用妇女作为训练对象，难度要大一些，当然可以更好地考察孙武的实际带兵能力。此时的阖闾，已经露出了得意的眼神。前面被客人呛了一口，现在仿佛已经找到反击的机会了。

眼见吴王那边忽然来了精神，孙武这边却立即就产生了悔意，他明白，自己刚才说话说得太满了，所以他想反悔了。

只见孙武急忙辩解道："大王您看啊，用妇女作为训练对象，那是多么不忍心啊，还是请大王换人吧！"

"不行，是你把大话说在前面，已经不能更换。"

"可我还是非常担心大王会后悔。"孙武继续在为自己找台阶下，似乎也还有个潜台词要告诉吴王：万一让大王您手下这些美人吃了苦头，别怪罪我！

听到这里，吴王急了："等等，等等，你说什么呢，什么后悔不后悔？我看你才是后悔了吧，是你想反悔吧，那可不行啊！就用她们来训练，看看到底能练成什么样，我就指望着她们去打仗了。"

吴王坚决不让孙武反悔。这时候，两个人显

然已经杠上了。杠着杠着,就会有好戏看,也会有意外发生。

"我还是担心大王会后悔。"孙武继续投以怀疑的目光。

吴王则冷冷地说道:"先生不用担心,寡人有什么可后悔的呢?"

说完这些,阖闾随即下令,将宫中能派出的美女共一百八十人都叫出来,交给孙武进行组织训练。

3. 两个倒霉的女人

看到阖闾的态度已经非常坚决,孙武退无可退,只能硬着头皮展开训练。这里毕竟是吴王阖闾的地盘。

既然已经退无可退,孙武必须要拿出平生所学,努力地证明自己。但是,能练成什么样的效果,他的心里显然也没底。

在一片怀疑的目光中,孙武的训练还是有条不紊地展开了。按照平生所学,按照家中诸位长辈教给自己的方法,一步步地展开。

孙武首先是选好了训练场地,也挑选好了助

手,尤其是对执行军法的助手进行认真交代,给他们布置了任务,明确了职责。等一切都准备就绪之后,孙武对吴王说:"军阵还没演练好,大王您可以先安坐高台之上,等到训练完成了,这些人就可以任由大王来驱使。"

吴王痛快地说道:"好啊!"高台之上,视野开阔,他正好可以看戏,看笑话。阖闾就想等着看孙武的笑话。

等到吴王离开之后,孙武把娇弱的宫女分为左、右两队,并指定吴王最宠爱的两位美姬担任队长,再次命令助手帮助督促训练,执行军法。

一切安排就绪,孙武登上了临时搭建的指挥台,向众宫女严肃地宣讲操练要领。他问宫女:"你们都知道自己的前心、后背、左手和右手吗?"

宫女们齐声回答道:"知道。"

孙武很满意,说道:"很好。当听到喊'向前',就朝着心所对的方向前进;当听到喊'向左',就朝着左手方向前进;当听到喊'向右',就朝着右手方向前进……都听明白了吗?"

宫女们都齐声表态:"听明白了!"

面对毫无军事基础的宫女，孙武只能组织最基本的队列动作或最简单的作战阵形。但这些训练内容最讲究纪律，要想练好也不是易事。是的，纪律最重要，没有规矩不成方圆。因此，孙武再次申明军法："命令发出后，不听命令的，一律斩首。"

等所有的准备工作都做好之后，孙武宣布训练正式开始。他擂鼓命令众宫女"前进"，结果让人大跌眼镜。只见宫女们笑成一团，前仰后合，全都不听命令，训练场上，已经是鸡毛炒韭菜——乱七八糟。孙武只得宣布训练暂停，然后强忍怒火说道："这次怪我，怪我把规定讲得不够明确，你们对法令也还不够熟悉，姑且放过你们。"

在孙武看来，暂时也只能这样，他希望给宫女们一个改正错误的机会。接下来，孙武将军法和操练要领再次仔细交代一遍。没想到的是，宫女们依旧不听从命令，嬉笑不止，还是完全没把训练当回事。

到了这时候，孙武彻底怒了。只见他迅速召集起宫女们，严厉地训斥道："规定不明确，交代不清楚，那是我为将者的责任。现在，军纪、军法这些已经宣布了,大家都明白,训练内容我也是三令五申。在这种情况下,你们仍然不执行命令,我就必须要追责。你们都别怪我翻脸无情。"

接下来,孙武二话不说,毅然决然地要杀左、右两队的队长。这两位队长,正是吴王最宠爱的两位妃子,岂能轻易被抓,随意就杀。但是,此时的孙武已经完全不顾及妃子的身份、吴王的身份,包括自己的身份。他不想因为吴王而改变自己的行事风格,更不能因此而坏了军法,坏了规矩。

吴王阖闾正端坐在高台之上惬意地看戏,一边跷着二郎腿,一边乐呵呵地品尝着美酒,一副置身事外的架势。忽然之间,他看到孙武要杀自己的爱妃,不由得大吃一惊,顿时觉得这游戏不好玩了。只见他急忙派人给孙武传达命令:"我已经知道将军很会用兵了,就不要杀人了。我要是没了这两个美妃,吃起饭来都不香,睡起觉来也会不踏实,希望先生一定不要杀了她们。"

那么,面对吴王的求情,孙武会有所退让吗?没有。孙武忽然之间展示了他的强硬和骨气。只见孙武不卑不亢地回答说:"将在军,君命有所不受。"

这是一句惊世骇俗的名言,阖闾非常明白其中意味着什么。在军中执行公务,即便是国君的命令,也可以不接受。早些年,司马穰苴就曾这么说过,然后果断地把齐景公派出的监军给杀了。眼下孙武也在强调这一句,认为是受吴王之命行事,而且满脸都写着强硬,难道两位美妃也是非杀不可吗?吴王感到非常着急。

果然,一番劝阻遭到失败,孙武还是执意杀死了两位队长,随即又按顺序任用两队的第二人为队长,继续组织训练。

拒绝听从吴王的命令,无异于太岁爷头上动土。孙武展示了个性,即便是国君的命令,也公然违抗。亲眼看到孙武六亲不认,吴王说话都不管用,宫女们都变乖了。在这之后,孙武再次击鼓发令,不论是向左向右、向前向后,还是跪倒、站起,她们都完全遵守号令,严格遵守纪律,再没谁敢嬉笑打闹。

不久之后,训练结束,孙武派人向吴王报告说:"队伍已经训练好了,大王可以过来验收了。眼下这支队伍,人人都是勇猛的战士,任凭大王使用，即便赴汤蹈火，也不会退缩的。"

但是，此时的吴王，内心早已是翻江倒海，五味杂陈。失去两位美妃，他的心情非常糟糕，但他前面和孙武已经有过约定，还不便轻易发怒，只好勉强地回答说："行了行了，我知道先生很有本事了，回你的住所休息去吧。队伍训练得再好，我也不想去看了。"

见此情形，孙武心头略微产生一丝悔意。他感叹道："大王看来只是欣赏我的兵书，只是嘴上说一说爱惜人才这些套话，并不能真的兑现啊。"他只能这么闷闷不乐地发几句牢骚，然后解散了宫女，略带失落地走出了吴宫。

很显然，这场面试的结果，让所有人都不开心：死了两个倒霉的女人，换来的则是两个郁闷的男人。

4. 雄霸之主的醒悟

阖闾本想通过训练宫女进一步深入考察孙武的带兵能力，没想到却因此而搭进去两位宠妃的性命，因此一连几天都感到闷闷不乐，内心甚至无数次升腾起愤怒的火焰。在他看来，孙武虽然展示了很强的带兵能力，但做事过于较真，甚至完全没有把他吴王放在眼里。只此一条理由，就可以让他发出逐客令，早点让孙武卷铺盖走人。可是转念一想，孙武的确是一位难得一遇的帅才。正可谓"千军易得，一将难求"，这样的帅才，正是自己所要招揽的对象。要实现争霸天下的夙愿，还真的不能怠慢了孙武。这样想着，逐客令最终没有发出。

阖闾毕竟是一位雄霸之主，一直希望实现自己的宏大志向，至少此时还充满理想。虽说内心深处有过波动，他还是决定摒弃前嫌，留下这位旷世奇才。

很快，吴王和孙武重新见面，气氛有所缓和。看到吴王已经和颜悦色，孙武放下心来。他先是当面向吴王表示道歉，接着便耐心解释了斩杀美姬的原因："平时养成严格的纪律，是将帅的基本带兵之道。只有平时严格执行纪律，在三军之中树立威信，才能率领他们迎敌作战。"

孙武所说的这些道理，作为长期带兵打仗的吴王，内心其实非常清楚。此刻，孙武的诚恳与率真，让阖闾曾经的愤怒化为乌有。到了这时，吴王更加清楚了解了孙武的无畏精神，尤其是对陈规陋习的突破精神,于是最终下定决心,任命孙武为将军。

虽说经过一番波折,孙武还是为阖闾的宽容和豁达所折服,于是欣然领命,希望能报答吴王的知遇之恩。

三、定下伐楚大计

1. 治军之道

吴宫之中,依旧还有红的花,绿的树。受过惊吓的宫女,依旧在忙碌中穿梭。虽说一切都早已重归风平浪静,但当宫女们突然又看到孙武出现时,仍然不由得各自心惊。她们不明白大王这是怎么了,为什么又把孙武这个杀人魔王给请了回来。

是的,孙武不仅是被请回来了,而且是被恭敬地请了回来。此后,他还经常出现在吴宫,和吴王共进美食,把酒临风。

有时候,伍子胥也在受邀之列。吴王对孙、伍二人都格外器重,不仅视为左膀右臂,还经常和他们坐在一起谋划治国大计。他们经常探讨和总结古代帝王治国平天下的经验,结合当时各诸侯治国的教训,总结治国之术,分析其中利弊得失。

孙武侃侃而谈，向阖闾介绍黄帝征伐赤帝的历史经验："远古之时，黄帝坐镇中央位置，已经雄踞要津。但是，当时也有四恶危害四方，祸害天下。黄帝看到这一局面，决心拯救民众于水火之中，努力使得天下归于太平。他的方法非常独到，而且颇值得借鉴。黄帝首先是注意与民休息，让民众得利，同时也广积粮谷，并大量赦免罪犯，由此而占据了天时、地利、人和这三方面优势。在这之后，他才下令大兴义师，南伐赤帝，东伐青帝，北伐黑帝，西伐白帝，先后击败了这些强敌，也由此而赢得了四方拥戴，可谓天下归心。后来，商汤灭夏桀，占据九州，同样注意顺从民心；周武王也是遵循吊民伐罪的原则，才能成功铲除商纣，使得四海归一。他们之所以能做到无往而不胜，全都是因为策略得当，既得天之道，又得地之利，同时尤其注意得民之情，因此可称为后世君主仿效的典范。"

阖闾听了孙武的这一大段议论之后，不仅深以为然，也从中领悟到不少治军和平天下的道理。

2. 爱民之道

在论兵之外,吴王也会兴致勃勃地拉着孙武讨论治国之道。

吴王问孙武:"依将军高见,影响战争的重要因素可以分为道、天、地、将、法。这五者之中,又以道为第一。是这层意思吗?"

"是的。道,就是努力使得民众的想法能够与上层统治集团保持一致,同时也要努力实现上下同欲。只有大家都能保持心往一处想,才能打胜仗。"

"将军所言极是。"

二人的谈话越来越深入,从军事谈到政治,再从政治谈到军事。谈着谈着,话题便来到了晋国这里。晋国长期占据中原霸主的地位,举手投足都会对诸侯格局产生重要影响。由于国君已经无法掌控局面,晋国政坛正暗流涌动。国君说话不好使了,反倒是执政大夫说了算。因此,几个大家族跃跃欲试,都希望能够成为晋国的主宰者。

由于晋国的局面混沌不清,阖闾非常想知道

孙武的看法，便询问道："晋国政坛大权实际上已经被范、中行、智、韩、魏、赵这六个世卿掌握，各自占据势力范围，相互之间你争我夺。依将军之见，这六卿之中谁先败亡，谁会真正强盛起来，成为真正的赢家？"

孙武对晋国局势也有跟踪和观察，他立即毫不犹豫地给出了自己的判断："这六卿之中，范氏和中行氏这两家会最先败亡。"

阖闾随即追问道："将军是根据什么标准做出这一判断呢？"

孙武从容地回答道："我是根据六卿亩制的大小，考察各自收取租赋的多少以及士卒多寡、官吏贪廉等情况来做出判断的。这几大家族中，范氏和中行氏是以八十步为畹，以一百六十步为亩。晋国六卿之中，就数这两家的亩制最小。不过，他们收取的租税却是最重的。总共是十分，他们抽去了五分，已经占了一半，这个比例显然太高。如果公家的赋敛过重，统治者过于贪婪无度，民众走投无路，只能转而葬身沟壑。如果官吏众多而且骄奢淫逸，养着规模庞大的军队而且屡屡兴兵，情况自然会变得更加糟糕。长此以往，民众必定难堪重负，必然导致众叛亲离，国家也很有可能就此土崩瓦解。"

这些分析显然切中要害,阖闾聚精会神地听着,不由得暗暗点头称是。吴王其实也非常关心其他几个家族的命运,于是接着问道:"在范氏和中行氏败亡之后,又该轮到哪一家率先陷入危境呢?"

"我们其实可以根据同样的道理进行推演。在我看来,下一个倒霉的就要轮到智氏。因为智氏所用亩制,只比范氏和中行氏稍大一些。他是以九十步为畹,一百八十步为亩,但租税同样非常苛重。和范氏一样,他们也是十抽其五。这么看来,智氏与范氏、中行氏的病根几乎一模一样,都是亩小而税重,公家非常富有,但人民非常困穷,而且吏众兵多,主骄臣奢,既好大喜功,又穷兵黩武,因此智氏最终只能重蹈范氏和中行氏的覆辙。"

听完孙武的分析,阖闾不由自主地再次暗自点头,但他的问题并没有就此结束,而是继续发问:"在智氏败亡之后,下一个走入绝境的该是谁?"

只见孙武不慌不忙地回答道:"那就该轮到韩和魏两家了。这两家都是以一百步为畹,两百步为亩，但税率同样还是十分抽五。他们的病根和前面几家也有相似之处，都是亩小而税重。因为公家聚敛过度，官兵众多而且急功近利，因此便导致民众过于贫困。只是因为他们的亩制稍大一些，民众的负担相对稍轻一点，因此而能够多苟延残喘一段时间，拖到前面三家之后败亡。"

"那么，在将军看来，莫非赵氏……"

孙武料想吴王会继续发问，接着说道："赵氏家族的情况，与上述五家有着很大的不同。在六卿之中，赵氏的亩制是最大的。他们是以一百二十步为畹，二百四十步为亩。不仅如此，他们征收租赋一直较为合理，从不过分。因为保持亩大而且税轻，公家取民有度，从不过分骄奢，官兵数量少，因此民众负担不重，尚且能够保持温饱，能够生存下去。按照常理，施行苛政会丢失民心，推行宽政就会得到民心。既然赵氏一直注意推行宽仁之政，必然会保持兴旺发达。从这个角度来看，晋国的政权最终怕是会落入赵氏之手。"

从范氏到中行氏，再到智氏和赵氏，孙武对晋国六卿挨个进行了点评，对他们的兴亡和盛衰都给予了独到的分析。阖闾始终听得饶有兴趣，而且显然有所触动，深受启发。只见阖闾连声称赞，感慨道："看来王者是掌握了成功之道，这种成功之道的秘诀就在于厚爱民众，争取到人心啊！"

孙武对晋国政坛走向的分析，此后大多得到历史的验证，范氏、中行氏、智氏先后灭亡。当然，也有说错的地方，晋国并非最终归于赵氏，而是一分为三，成为韩、赵、魏三国鼎立之势，但历史发展的总体大势还是被孙武洞察。重视田制、税赋，重视民心向背，由这一角度出发，分析战争的成败，这一思路对吴王形成很重要启发。阖闾对孙武的论断积极赞同，而孙武在吴王心目中的地位也变得越来越高，逐渐从幕后走到台前，扮演起越来越重要的角色。

3. 楚国摊上了大事

那边孙武和吴王忙着谈兵论武，伍子胥这边也没闲着。他始终密切关注着楚国的政治走向，楚王和楚军的一举一动都不肯放过。逃到吴国之后，伍子胥发誓要替父亲和哥哥报仇。但他孤身一人，力量显然不够。要想报仇，他就只能借用吴国的力量，劝说吴王出兵伐楚。

吴国的力量可以借用吗？伍子胥在内心询问了无数次，每次他都会焦急地给自己一个满意的答案：可以。

确实是可以。之所以说可以，完全顺从伍子胥的意愿，其实与当时吴楚争霸的战略形势有关。伍子胥也对这种形势做过无数次分析。他的判断也许带着主观意愿，但确实是可以。因此伍子胥整日盘算的，就是借用吴国的力量打败楚国。

事实上，孙武之所以南下奔吴，选择吴国作为建功立业之所，其实也对当时诸侯争霸的格局进行过认真分析。

到了春秋晚期，诸侯争霸的格局已经和中前期发生了很大变化。齐国早已成为明日黄花，晋国也正处于没落的边缘。大国之中只剩下一个楚国，但也正走向衰落。楚国一度是和晋国长期争霸的头等大国，即便是已经有所衰落，但也如同百足之虫，并不会被吴国轻易打败。

楚国不容易被打败，但吴王如果想打败各路诸侯，成就霸业，就必须首先要面对楚国，向楚国发起终极挑战。

阖闾在夺得国君之位后，也曾认真进行过分析，对这种格局也非常清楚，楚国就是他称霸宇内的一块绊脚石，一定要搬开它才行。

吴、楚两国之间，长期互相攻伐，双方互有胜负。前期楚国更为强势，但随着国势的衰落，吴国渐渐占据上风，展示出咄咄逼人的架势。看到吴国呈现崛起之势，楚国设法拉拢越国，从侧后方对其形成威胁。吴国的崛起，也令齐、鲁等国感到不安，纷纷对其施压。为了摆脱多面受敌的险境，阖闾必须慎重决策，选定合理的进攻方向。选来选去，楚国仍然是首选目标。打败楚国，越国自然会臣服。打败楚国，才能寻求继续向北前进的机会。

吴王、孙武、伍子胥，可能各自都有一个小算盘，但共同目标都指向了楚国，必须要把楚国掀翻在地才行。至于南边的邻居越国，其实也不容忽视，但眼下尚且没有对吴国构成实质性威胁。因此，楚国才是当面之大敌。楚国摊上了大事，必须要面对吴国的挑战。

吴国和楚国，虽说是山水相连的邻居，但是友谊的小船说翻就翻，战火随时都会点燃。两国之间，总会有这样和那样的矛盾，一不小心就会发生冲突。纠缠不清的利益纠纷，非得有个了断才行。阖闾、孙武和伍子胥都是上天派来做了断的人物。

虽说三人有着共同的目标，但急于出头的，是伍子胥。与之相比，孙武则相对沉稳。吴王需要做最终拍板，大事面前需要沉得住气，但战争决策这些，无疑会受到孙武和伍子胥的影响。

其实，早在吴王僚执政期间，伍子胥就极力劝说吴王僚派公子光攻打楚国。公子光确实会打仗，但当时他一心想的是在国内发展势力，争取夺占王位。因此，他并不希望继续带兵外出打仗，而是极力劝说吴王再忍忍。

伍子胥的心思被公子光看穿，内心当然是极度沮丧，但他不敢轻易表露出来，只能暂时退缩。

其实，公子光的心思，也被伍子胥看穿。他知道公子光的政治野心，但他同样不敢表露出来。为了讨好公子光，他还推荐了勇士专诸，自己则匆匆忙忙地跑到乡下避风头。等公子光自立为王之后，想到了伍子胥的好处，急忙召回他，和他共同商量如何对付楚国。毕竟伍子胥非常了解楚国的情况。

吴王这边换了国君，楚国这边也换人了。楚平王去世之后，继位的是楚昭王。但是，这两国之间的关系丝毫没有发生改变，还是拧得紧紧的。只能做出你死我活的决断。

尤其是伍子胥，仍然念念不忘伐楚。既然伐不到楚平王，那就要伐楚昭王。这也是所谓"父债子还"。总之，楚国算是摊上大事了。

4. 进与退的分歧

阖闾即位的当年，就任命伍子胥为行人，二人因此经常有机会在一起讨论如何治国理政。就在这一年，楚王意外杀死了大臣伯州犁，他的孙子伯嚭被迫逃往吴国。伍子胥与伯嚭并无私交，但遭遇非常相似，都是因为亲人被杀而被迫从楚国出逃，而且都是选择出逃吴国避难。也许是出于同病相怜的原因，伍子胥向阖闾推荐了伯嚭。阖闾毫不犹豫地任命伯嚭为大夫。

由于楚国和吴国存在这种特殊的敌对关系，吴国成为楚国大臣的避难之地。反过来，楚国也成为吴国的犯罪臣民的逃难之所。吴国利用伍子胥和伯嚭来向楚国发难，楚国也会利用逃亡的吴国公子来对抗吴国。

当初楚平王去世时,吴王僚曾趁着楚国办丧事的机会,派出烛庸和盖余两位公子领兵袭击楚国。没想到的是,楚国迅速出兵切断了吴军的后路,使得吴国两位公子无法回国。不久之后,两位公子听说阖闾已经杀死吴王僚自立为王的消息,于是率军投降楚国。楚国对此求之不得,立即将舒邑封给他们,利用他们来对抗吴国。这一局面自然会令阖闾感到非常不安,他随即下令伍子胥、伯嚭共同领兵征伐楚国。吴军进展顺利,

吴王阖闾

不久就攻占了舒邑,并杀死逃亡的公子盖余和烛庸,也就此解除了阖闾的心头大患。楚国人试图使用吴人抵御吴军的计划,至此宣告失败。

看到作战计划得以顺利实施,阖闾对楚军的战斗力也有了直观感受。在他看来,楚军并非想象中的那么强大,因此决定顺势进攻楚国的郢都。

对于阖闾的这一决定,身为领兵主将的伍子胥当然极力赞成。没想到就在此时,孙武站了出来,及时对阖闾进行了劝阻。他对阖闾说道:"军队连续征战,已经非常劳顿。眼下这时候,显然不能发力攻打郢都,还要耐心等待一段时间,等时机成熟了再说。"

伍子胥主张前进,孙武主张后撤,明显存在着分歧。吴王本来倾向于继续进攻,但在听了孙武这番劝告之后,随即下令收兵回国。在伍子胥和孙武之间,阖闾选择的是信任后者。在经过一段时间的接触和了解之后,吴王对孙武已经非常信任。

当然,半途撤军无疑会让急于求战的伍子胥大感失望:血海深仇,何时能报啊?虽说失望,虽说着急,但他也只能再忍忍。

究竟是进是退，何时进何时退，孙武和伍子胥此时表现出的是完全不同的态度。这其实是他们心态所决定的。

孙武的心态，和急于报仇的伍子胥很不一样。孙武非常清楚，伐楚并不是一件容易的事情。这必然是一场生死大战，是一个系统而庞大的工程，需要做大量的前期准备工作，需要有周密的筹划。楚国非常强大，伐楚之战，不成功，则成仁。一旦失败，等待吴王的就是难以下咽的苦果。这也是心急吃不了热豆腐的道理。因此，孙武对于伐楚，虽说也是积极赞同，但态度非常冷静。这与急着报仇的伍子胥有着天壤之别。

懂得进退之道、善于战争筹划的孙武，对于吴国和吴王而言，都是非常幸运的；对伍子胥来说，同样非常幸运。伍子胥和孙武恰好组成了一对绝佳拍档。从性格上看，伍子胥稍显性急，孙武则相对谨慎。尤其是在对待伐楚这件事上，伍子胥显得格外迫切，始终急着早日大规模伐楚，恨不得马上拿下郢都。性格决定命运，心急而刚烈的伍子胥，还背着血海深仇，表现得心急如焚也属正常。

孙武则完全不一样。他和楚国之间没有直接

的仇恨。在对待伐楚的态度上，孙武因此能够相对保持冷静，可以不急不躁地耐心等待时机。在战争决策时，有孙武这样的人担任参谋和助手，就显得非常重要。

5. 伐楚之战的设计师

虽说在孙武的建议下，吴军暂时选择了后撤，但终究还会再杀回来。挑战楚国，夺占郢都，已成为吴王矢志不渝的追求目标。

在吴宫中，吴王和孙武、伍子胥一起，经常会围绕伐楚而展开深入讨论。

阖闾曾向伍子胥虚心请教破楚大计。出于对楚国的情况的了解，伍子胥也提出了针对性建议。楚国虽说军队人数众多，但机动性较差，而且令出多门，缺少统一指挥。由此出发，伍子胥向吴王提出了"疲楚误楚"的策略。

面对阖闾的询问，伍子胥指出："楚昭王尚且年幼，无力控制整个政局。楚国长期以来政出多门，没有谁能独立成为主宰，更没人能独自承担楚国的忧患。针对楚国这种情况，我们可以将吴军编为三支部队，采取轮番袭扰的方式，不断地骚扰楚国。吴军只要出动其中一支部队，就能将楚军全部吸引过来。楚军一旦出动，我军就回撤。等楚军往回退时，我们再次出击，这样来来回回，必然会使得楚军疲于奔命，穷于应付。只要能够不停地袭扰楚军，多方调动楚军，就能够使得对方处于疲惫之态，进而使得他们在判断上出现错觉，在指挥决策上发生失误。在这之后，我们就可以出动主力全力攻打对手，必定能够大获全胜，全歼敌军！"

相比伍子胥，伐楚重要战略决策的制定过程中，孙武无疑起到了更大作用。既然能够及时劝阻吴王发起的追击行动，说明孙武已经悄然成为伐楚之战的主心骨和设计师。伐楚之战，并没有按照伍子胥那种心急火燎的态度去打，而是顺着孙武的思路在展开，甚至是按照《孙子兵法》的战争逻辑展开。如果是按照伍子胥的思路，那肯定早就打起来了。这就是孙武在兵书中所批评的"怒而兴师"，一定会面临难以挽回的危险。

很显然，吴王的行动计划，并没被报仇心切的伍子胥左右，而是按照孙武的路数一步步推动，有步骤地展开。阖闾是个很懂军事而且富有谋略的政治家，有着自己的认识和判断。

虽说伐楚目标已经越来越明确，基本方略也已大致确定，但是楚国毕竟实力占优，吴国与之相比，暂时处于劣势。楚国长期充当霸主，虽说眼下已经有所衰落，但毕竟还是瘦死的骆驼比马大，至少比吴国强大。无论是领土还是人口，楚国都要远远超过吴国。即便是单论军队规模，楚军也明显占据上风，不仅数量多达二十万之众，而且很有实战经验。楚国都城一向也以雄伟坚固著称，易守难攻。要想打败这样一个强劲的对手，真的是有点难度。

想到这里，吴王不免内心犯起嘀咕。他充满狐疑，询问孙武："我们如果兴兵伐楚，攻打郢城，就必须要深入楚国腹地，行师千里。这种劳师远征，向来就是兵家大忌啊。我们只有几万人马，要想顺利完成既定战略目标，不是一件容易的事情。"

孙武对吴楚之间的这种战略态势非常清楚。他说："我们远道伐楚，就是死地求生的战法。派出精锐之师，深入对方腹地，这种远程战略奔袭，是有机会获胜的。"

吴王感到非常新奇，又充满怀疑之情："请将军再说得详细一点。"

孙武说:"到了死地作战,部队的心理状态必然发生很大的改变。被围绝境,士卒就会竭力抵抗;因为迫不得已,他们就会拼死决斗;身处危境之中,所有人都会非常顺从地听从指挥。到了这时候,士兵的作战能力一定会得到最大限度的发挥。因为身处绝境,他们只能是向死求生。军队的战斗力会由此而被最大程度地激发出来,这就叫'陷之死地然后生'。如果是以一当十,楚军在数量上的优势便不复存在。我们的军队虽然是远道而来,客场作战,但也有很大的机会能在绝境中获得重生,最终击败楚军。"

听了孙武所说这些道理后,吴王长出一口气,连连点头称是。旁边的伍子胥也笑逐颜开。此前孙武阻拦吴王乘胜追击时,伍子胥曾经无比懊恼过,也在心底埋怨过孙武,但是此刻他仿佛明白了孙武的深远用心,也对复仇之战更加充满信心,对眼前这位孙将军充满了钦佩之情。

四、用奇谋，胜强楚

1. 剪除羽翼之战

虽说作战决心越来越强大，作战方法也越来越明确，但是吴王很快发现另外一个问题：楚国有很多小兄弟，而自己却没有。

春秋中前期，楚国在争霸战争中积聚了力量，周围便聚集了一帮小的诸侯国。其中有不少是属国，也有不少实则被占领或兼并。这样的诸侯国有很多，数起来都要半个时辰：庸国、微国、六国、桐国、巢国、随国、唐国、息国、杞国、舒国、郯国、沈国、陈国、蔡国、徐国……即便是与晋国、齐国等各路豪强相比，也以楚国的幅员更为辽阔。因为楚国吞并了太多的诸侯小国，还令众多小国臣服而成为属国。楚国和别国打仗，也总爱叫上这些小兄弟一起，打群架。

吴国并没有这么多小兄弟，如果是打群架，

自然会落下风。在孙武的建议之下，阖闾决定初步采取剪除楚国羽翼的策略。

至于具体实施方法，孙武也有设计。他的主张是"乱而取之"。因为此时楚国已经衰落，对部分诸侯其实已经失去控制力，即便偶尔发生离乱之事，也已无暇顾及。这时候自然就是吴国乘机进军的良机。一旦时机得当、方法得当，吴军完全有机会将楚国众多帮手逐个剿灭。

楚国羽翼众多，东边，西边，南边，北边，都有。究竟先收拾谁，这其中也很有讲究。

吴王问孙武："依将军之见，我们应该从哪里入手才是？"

孙武答："我们目前最先要解决的，同时能够直接削弱楚国，并且能壮大吴国力量，达成此消彼长效果的有两个：一个是徐国，另一个是钟吾国。它们都是楚国的属国，而且都与吴国长期为敌，还接纳了吴王僚的两位公子。"

吴王想起来："他们找到了避难之所。"

这之后，吴王毫不犹豫地首先对这两处发起进攻。他与孙武、伍子胥一起率军征伐，就此除去心头之患，也为伐楚奠定了基础。

依照剪除楚国羽翼的这一策略，吴军在孙

武和伍子胥的指挥下，陆陆续续对楚国的属国发起进攻。公元前511年，吴国再次攻下六邑与灊邑。公元前509年，吴军又在豫章大败楚军，在攻下居巢之后才班师回国。

在孙武的建议下，吴军始终采取主动进攻之势，并没有消极地守株待兔。一旦楚国出现破绽，吴军便积极运用谋略，主动地对其重要羽翼发起进攻，逐渐完成敌我之间优劣态势的转换。剪除楚国羽翼，既可以有效削弱楚国的根基，也是积蓄实力的重要渠道。由此出发，可以积小胜为大胜，再寻找机会对楚国发起致命一击。

在楚国众多羽翼之中，越国扮演着非常重要而特殊的角色。由于其地处吴国南方，能够对吴国形成极大的牵制，也由此而受到楚国的重点拉拢。

楚国的拉拢行为自然会引起吴国的格外关注。公元前510年，越国这边由允常即王位。允常雄心勃勃，不仅在国内积蓄实力，也试图对外结交诸侯，尤其是注意交好楚国，等待着崛起的时机。没想到，灾祸也由此而来临。

阖闾此时已经决心与楚国展开大决战，决不能允许后院起火。他在得知越国最新动向之后，先是试图使用缓兵之计，对越国进行拉拢。在遭遇失败之后，阖闾迅速挥师南下，对越国发起攻击。在孙武和伍子胥的指挥之下，吴军进展非常顺利，迅速在槜李大败越军。

吴越两国之间，此前虽然也间或发生纠纷，但从未发生大规模战争。由此一役，两国遂揭开了长达数十年之久的生死相搏。非但是阖闾的命运为此发生改变，就连孙武和伍子胥也先后被卷进这巨大的战争旋涡之中而无法自拔。吴国的出现，改变了中原争霸的格局。越国的出现，也改变了诸侯争霸的格局。吴越之间必然由此而走向对立。

越国虽然不容小觑，但是眼下，孙武和伍子胥尚且还需将主要精力放在楚国方向。在他们的指挥之下，吴军正以一种非常特殊的样式出现在楚军的面前。

2. 疲楚与误楚

"来了，来了，吴军又打过来了……"负责侦察敌情的士兵，慌慌张张地跑到中军大帐，向楚军守将报告新发现的敌情。

楚将不敢怠慢，连忙登上城楼，果然看到大队吴军从斜刺里杀出。稍稍定了定神，楚将已经可以清晰地看到吴将挥舞着利剑，指挥士兵漫山遍野地冲杀过来。不一会儿，眼前已是尘土飞扬，喊杀声震天动地。吴军声势浩大，高高挥舞着的兵刃，在夕阳的照耀下，散发出令人眩晕的光芒。

看到这阵势，楚将只能立即下令做好作战准备，手下士兵也只能匆忙集结。城内早已鸡飞狗跳，孩子的哭闹声、战马的嘶鸣声、催促出征的号角声，都掺杂在一起，令所有人都感到心惊肉跳。有时候，还不等他们完全收束整齐，便已经收到出城迎敌的命令。没想到，接下来的一切又令楚军感到垂头丧气：等到大队楚军气势汹汹地杀出城门时，吴军却早已没有了踪影。他们好像是路过的一阵狂风，只是为了搅乱楚军的心绪，打乱楚军的节奏。

见此情形，楚将只能无奈地摇头，抖落浑身的疲惫，迎接吴军下一次的挑战。这样的情形已经不知道发生多少次了。吴军不时地对楚军发起袭扰，甚至直接逼近城下，摆出一副生死决战的架势。但是，每当楚军慌慌张张做好迎战准备时，吴军却又像一阵风一样飘出去很远，只留下楚军一阵阵惊愕。

一直以来，吴军打仗从不按规矩出牌，从来没有固定套路。不择时辰，行踪飘忽。有时候是拂晓，有时候是黄昏。来时是一阵风，去时也是一阵风。

楚军上下都为此感到头疼不已，他们不知道吴军的进攻方向到底指向何处，只能处处设防，就此陷入"无所不备则无所不寡"的窘境。

其实，吴军所采取的正是伍子胥和孙武所设计的"疲楚误楚"的战法。围绕这一战法，吴军与楚军若即若离，又不依不饶。得到机会，吴军就会扑上前去猛咬一口。得手之后，吴军很快就会消失。如果不是很好的作战时机，吴军也会努力折腾楚军，令其不得安宁。

就在孙武出任吴将的当年，他辅佐吴王率兵攻打楚国的属国舒。第二年，孙武又指挥吴军对楚国北部进行骚扰，攻克养城，扫除了楚国盘踞淮水北岸的势力，为日后大举伐楚扫清了障碍。经过几年试探，吴军逐渐摸清了楚军虚实，也将军事行动的规模逐步扩大。公元前508年，吴国策动桐国背叛楚国，然后又在舒城一带引诱楚军出击。这里其实已经距离楚国大本营更近,令楚国不能忍受。楚国就此中计,令尹囊瓦仓促之间率兵东征。孙武看到楚军已经上当,便果断指挥吴军发起突然攻击,结果在豫章一带大破楚军,并乘机攻克巢地,为日后决战创造了有利条件。

吴军利用这一战法,不仅袭扰了楚军,而且取得了丰硕的战果。他们利用六年时间先后袭击了楚国的夷、潜一带,基本控制了吴楚必争之地,也害得楚军疲于奔命,穷于应付。

有细心的楚将忽然之间总结出一个规律:自从楚昭王即位以来,吴军几乎每年都会对楚国进行袭扰。这种无岁不有吴师的架势,令楚军始终处于紧张而又疲惫的状态之中。如果真想与对手展开决战,吴军却又忽然之间变得渺无踪迹。这种战法,令楚将防不胜防。

吴军这种持续不断的袭扰,给楚军带来极大的困扰。楚军完全处于被动迎敌的状态之中,就像一个人想要睡觉,旁边却来了蚊子不停地袭扰,伸出手来却又打不到它,这当然非常让人心烦。

飘忽不定的战法,持续不断的袭扰,还给楚

军造成了一种极大的错觉。他们误以为吴军所采取的种种军事行动,都仅仅是骚扰而已。他们相信吴军并不敢和楚军进行大规模决战,因此而放松了应有的警惕。他们完全不知道,这正是孙武"用而示之不用"和"佚而劳之"的战法,目的正是麻痹楚军。

果然,时间一久,懈怠之情伴随着懒惰之气和轻敌之心,都开始在楚军内部四处蔓延。楚国人已经开始在内心非常鄙视吴军将士:"瞧瞧你们吴国人吧,看来也只会小打小闹的游戏,到底敢不敢来进行一场决战呢,借你豹子胆,怕也不敢吧!"

吴军可不是不敢,他们一系列的运作,就是为了等到合适的决战时机。但是,目前他们不打,只是装作不敢打,因为战略决战的时机未到。吴军不停地骚扰对手,就是为了让楚国人不得安宁,进而寻找机会发出致命一击。

那么,决战时机会出现在吴国人面前吗?

这个问题,其实吴王也一直在问。他也非常想尽快找到答案,尽快找到最佳的决战时机。

3. 良机出现

公元前506年，阖闾即吴王位已经进入第九个年头，翻检自己多年的政绩，他发现击败楚国的梦想仍没能实现。只有击败楚国，才能有称霸中原的机会。那些弱小的诸侯国，即便再吞并一打，也不能证明什么。

吴王不免又想起刚刚即位时的豪气干云，于是再次将这个问题提出。阖闾问孙武："当初你们都说楚国是可以打败的，但是当我想和楚国决战时，你却把我拦住了，说是郢都坚固，不可轻易攻打，楚军人多势众，不好对付，需要等待时机。那么，现在呢？我们可以发起决战了吗？"

看到吴王确实已经表现出难掩的焦急之情，孙武和伍子胥仍然首先是进行劝阻和安慰。他们都异口同声地回答道："大王先别着急。机会总会出现的。楚国将军囊瓦非常贪财，唐国和蔡国都非常怨恨他。大王要想和楚国人决战，必须要得到唐国和蔡国的帮助才行。大王少安毋躁。"

没想到的是，就在吴王焦急地询问之时，决战时机就在这一年出现了。向楚国发出致命一击的时机，终于到来。这一决战良机的出现，竟是因为西去吴国数百里的蔡国而引起。当然，根源还是出在楚国的贪得无厌。

早在公元前509年，蔡昭侯在朝拜楚昭王时曾进献一块玉佩和一件皮衣。楚昭王戴上玉佩，穿好皮衣，设宴招待蔡昭侯。蔡昭侯本人也穿着一件皮衣，佩戴着玉佩。楚相子常看到之后，便想索要蔡昭侯的皮衣和玉佩。此举不免令蔡昭侯感到反感和不安，因此婉言予以拒绝。结果蔡昭侯由此而得祸，被扣留楚国三年之久。

好不容易安全脱险，蔡昭侯咽不下这口恶气，于是试图借用晋国的力量在召陵组织盟会，然后集体攻打楚国。没想到的是，晋国执政大夫趁机索取贿赂，令蔡昭侯非常失望。他联想起贪婪的楚国人，因此立即予以回绝。执政大夫自然也会因此而感到恼火，而且他的态度一旦发生改变，自然无法再指望晋国出兵攻打楚国。蔡国所倡导的盟会至此算是白忙活一场，并没有达成实质性内容。

在这次盟会中，一贯亲近楚国的沈国并没有到会，晋国于是要求蔡国灭掉它。沈国很小，很快就被蔡国灭掉。见此情形，楚国自然动了怒气，于是迅速出兵围攻蔡国。蔡昭侯指望晋国派兵救援，没想到晋国始终按兵不动。无奈之下，蔡昭侯以儿子为人质，急忙向吴国求援。

当时遭遇同样命运的还有唐国，也是被迫转投吴国。唐国也是楚国周围的小国，一度被迫追随楚国。在诸侯争霸的舞台上，唐国和蔡国这样的小国，只能寻求大国的帮助，才能在夹缝中生存。结果，唐国的命运也只能和蔡国一样，需要仰人鼻息而动。虽说抱上了楚国的大腿，唐国并没有得到什么实质性援助，反倒是找到个贪婪的吸血鬼。因为不满楚国持续不断的敲诈和勒索，唐国也主动跑来请吴国出兵相助。

唐、蔡两国虽然疆域狭小，而且兵微将寡，但它们的战略地位非常重要。一旦它们转投吴国，楚国就会立即失去一条重要的战略防线，吴军也就可以实施迂回奔袭，对楚国的腹地展开袭击。

对于这一点，孙武早已看得清清楚楚，伍子胥同样早已有所洞察，因此他们才会共同向吴王提出建议，必须寻求唐、蔡两国的帮助才行。没想到如今这两国竟然主动找上门来，这当然是求之不得的事情。

见到唐、蔡两国使者先后来到,孙武和伍子胥都立即做出同样的判断:"楚国的政治已经非常腐败,上下官吏都只会贪赃枉法,因此而导致百姓陷入越发穷困的境地。既然蔡、唐两国请求出兵共同伐楚,我们正好可以顺势而为。这正是千载难逢的好机会!"

4. 远道伐楚,以迂为直

公元前506年的冬天,吴王根据孙武和伍子胥等人的建议,组织精锐之师三万余人,御驾亲征。阖闾委任孙武、伍子胥、伯嚭等人为将军,胞弟夫概为先锋,倾尽举国之兵,乘着楚国疲惫虚弱之际,发起了长距离的战略奔袭。

吴宫内外,空气顿时紧张起来。各级军官和披坚执锐之士都整齐列队,士气高昂地等待着吴王检阅。车夫、马夫、伙夫等各类保障人员,也都迅速就位,整装待发。在孙武的要求下,内外之费,宾客之用,胶漆之材,车甲之奉,无不安排妥当。驰车、革车以及各种辎重车,都在宫门之外整齐地排列开来,一直绵延数里之遥。

即便是不懂军事的寻常百姓都能从这一浩大

场景出发,猜测吴王将会做出重大决定,预感到国家将会发生大事情。

当然,即便是内外骚动,也并非所有人都知道此次行动的意义和目的。就连身处军营的士卒,也不是非常清楚。那些知道其中一二的高级军官,也接到了保守军事机密的严令。

直觉告诉孙武,唐、蔡两国的这次背叛行为,令吴国可以有机会发起致命一击,楚国将会因此栽一个大跟头。但是,阖闾还是要认真地就一些关键问题向孙武进行询问,同时也是为自己打气。

"相比对方,我军人数还是处于严重劣势。"

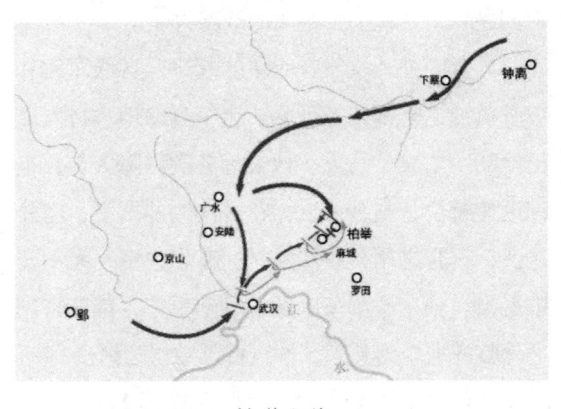

柏举之战

"没关系,吴军死地求战,每个人都会拼死奋战,正所谓'疾战则存,不疾战则亡'。周围全是敌兵,想找个吃的都非常困难,想要在刀枪之下求生就只能拼尽力气,抱团死战。"

"我军远道伐楚,必然需要千里行军,必然消耗大量的粮草,既然如此,我们的运输怎么保障?"

"除了做好远道运输之外,也要注意因粮于敌。就是就地去抢去夺,大量抢夺楚军的粮草。"

"真的要依靠唐、蔡作为先导,行军路线似乎有点绕路。"

"是的,这样才能取得意想不到的效果,这正是以迂为直的战法。虽说是把行军路线变远了,不仅是绕道,而且多花力气,更费时间,却比直接行动更有效果。把战线拉长了,效果反倒会更好。"

……

吴王和孙武慎重地就各种细节反复进行讨论,此战已成为吴楚之间的生死决战,只许成功,不许失败。在渐渐转入深沉的暮色之中,吴王使用他略带嘶哑而低沉的嗓音下达了作战命令:"出征!"车辚辚,马萧萧,大队吴军迅速朝着暮霭沉沉的楚国进发。

开始阶段,吴军严格按照孙武"以迂为直"的策略,实施大规模的战略迂回。只见大队吴军沿着淮水浩浩荡荡地向西开进。在抵达安徽凤台附近后,吴军丢下战船,改成步兵继续向前快速推进。

就在大队人马稳步推进的同时,吴王和孙武又选出三千五百人的精锐之卒作为前锋,在唐、蔡两国军队的配合和引导之下,兵不血刃地神速通过楚国北部的几处险要关隘,神不知鬼不觉地向前穿插,一直挺进到汉水东岸,就此占据了先机之利。这正是"由不虞之道,而攻其所不戒也",进攻路线完全出乎楚军意料。

此前,由于吴军在吴楚交界长期袭扰对手,楚军不得不一直在东线严密布防。楚ею将这里视为前沿阵地,当然会派出重兵把守。没想到这一次行动,吴军完全绕开这道防线,远道行军,直达楚国北部边境,而且是举倾国之兵大举来袭。吴军的行动,不能不让楚国上下感到胆战心惊,预感到大事不妙。无奈之下,他们也只得硬着头皮仓促应战。慌乱之中,楚昭王派出令尹囊瓦、左司马沈尹戍、武城大夫黑、大夫史皇等人，率领着临时拼凑的楚军急忙迎战吴军。他们也都知道局势危急，于是昼夜兼程，一直全力奔赴至汉水西岸，匆匆忙忙地布置防御阵地。吴、楚两军隔着汉水，形成了对峙局面。

5. 大决战

大敌当前，楚军虽说因为忙乱而一度缺少章法，但如果应对得当，吴军并没有绝对的胜机。何况楚军这边也有懂军事、善指挥的能人。

在楚昭王手下，就有左司马沈尹戍这样头脑冷静、富有韬略的优秀军事将领。此刻，他也被楚王钦点，成为楚军统帅部的成员之一。

汉水西岸的楚军大营中，早已经乱成一锅粥。沈尹戍率先开口，提出自己的作战建议："吴军远道而来，兵力不足，后勤补给也难以为继，一定无法持久保持战斗力。"

"依你之见，应该如何迎敌呢？"虽是征询意见，但统帅囊瓦的面部流露出的却是不屑。

"依末将之见，我们应该对吴军实施前后夹击。我们的主力在正面牵制吴军，末将可以率领军队迂回到吴军侧后方,找准时机发起攻击。一旦得手,我们的主力从正面掩杀过去,必定能够一举击败吴军。"

囊瓦虽然还是不服气,而且傲慢就写在脸上,但他看到沈尹戌的建议获得帐中诸将的普遍认可,而他自己又说不出个所以然,便立即下令:"就按照左司马的建议,兵分两路,前后夹击。"

沈尹戌提出的其实是一个非常高明的作战方案,因此才能获得众将领的一致赞同,也因此而有机会付诸实施。没想到的是,计划不如变化。楚军主帅囊瓦因为贪功,擅自改变了既定作战方针。他没等沈尹戌的军队到达指定作战地点,便已经有了冒险求战之心,匆忙指挥军队抢先渡过汉水。

在汉水东岸,吴王和孙武密切关注着对岸的敌情。当他们看到楚军抢渡汉水,便立即指挥军队后撤,将楚军引向伏击圈。囊瓦看到吴军尚未接阵便已经向后退走,他的内心开始极度膨胀:"看来吴军不行啊,没有前面大家传说的那么强大啊!"

囊瓦天真地以为吴军已经产生胆怯之情,

于是指挥大军一路猛追过去。没想到在大别山一带，他所率领的主力部队遭到吴军的连续伏击。吴军因为抢先占据有利地形，因此可以对楚军形成致命袭击，令楚军损失惨重。沈尹戍的军队未能到达指定作战地点，也已无法及时进行营救。楚军上下，士气非常低落。

到了此时，彻底击败楚军的机会已经来临。孙武当机立断，下令吴军与敌展开生死决战。11月19日，吴军在吴王和孙武的指挥下，在柏举地区与楚军展开了最后的决战。

阖闾的弟弟夫概是一位血气方刚、富有勇力的年轻将领。当他看到楚军士气已衰，自然会立功心切。他立即向阖闾请命，希望带领军队即刻出征，结果遭到吴王的断然拒绝。夫概的内心愤愤不平，以为吴王不愿给自己立下头功的机会，于是率领所部五千人贸然发起攻击。

楚军那边，因为囊瓦立功心切而落败，吴军这边却不然。夫概的贸然出击，意外地打乱了楚军的部署。

夫概当面攻击的正是楚将子常。子常不仅是贪生怕死之徒，而且指挥乏术，只能迅速落败。子常在战败之后，不敢再回楚国，而是选择逃往宋国。夫概的出击，由此而造成楚军这边阵势大乱。吴王和孙武则乘机指挥吴军主力迅速投入战场，继续扩大战果。囊瓦所率主力就此受到沉重打击，一路丢盔弃甲。军队人数占据绝对优势，却落得如此下场，囊瓦同样不敢再回到楚国，只好丧魂落魄地逃往郑国。

剩下的楚军只能狼狈地四处溃逃，吴军则全力展开追击。在柏举西南的清发水一带，士气旺盛的吴军追上了魂不守舍的楚军。当时，残存的楚军正忙于渡河，见此情形，吴军抓住时机，发起猛烈攻击，令楚军再次遭受沉重打击。曾经不可一世的楚军至此全线溃败，郢都就此彻底地暴露在吴军的面前。

6. 郢都城破

楚国的国都郢城，一向以城高池深而闻名。但是，当囊瓦的主力部队灰飞烟灭之后，它已经变得摇摇欲坠。吴王和孙武指挥着吴军继续深入敌境，取得五战五胜的佳绩。吴军士气高昂，一路势如破竹，直逼郢都城下。守城将士看到大势已去，只得弃城逃跑。

楚昭王眼见形势不妙，立即逃到云梦。正所谓虎落平阳被犬欺，云梦人从未见过楚王，并不知道眼前逃难之人正是楚王，甚至用箭射伤了他。楚昭王只得再次逃往郧国。

郧公的弟弟得知楚昭王来了，意外地感到非常兴奋。他对郧公说："当初正是楚平王杀死了我们的父亲，如今我们乘机杀死他的儿子，岂不是正好遂了天意？"

听到这话，郧公吓了一跳，连忙进行阻止，但他知道弟弟还是会寻找机会报仇，于是就和楚昭王一起逃到了随国。

吴王也听说了这一消息，于是立即挥师西进，攻打随国。他对随人说："当初那些被封长江、汉水一带的周王室子孙，都差不多被楚国消灭殆尽。"随君于是动了念头，想杀死楚昭王。楚昭王有位随从叫子綦，把楚昭王隐藏起来，然后对随人自称是楚王："就把我送给吴王吧。"

究竟是送还是不送，随人进行了认真的占卜。占卜之后的结果是不吉利，于是随人向吴王说："楚昭王早就逃跑了，已经不在我们随国。"对于这些话，阖闾并不相信，随即派兵前往搜索，但遭到了随人的严词拒绝，吴军只得暂时后撤。

在经过多日艰苦作战之后,吴军终于取得胜利,他们想找个渠道发泄情绪。结果就在楚国烧杀抢掠,干了不少坏事。规矩什么的,全都忘记了。这些恶行,当然会惹恼楚国人,也永久地记录在历史的耻辱柱上。

至于伍子胥,他念念不忘的是另外一件事,就是四处搜寻楚昭王。但是,他始终也没有找到。找不到仇人,伍子胥多少有点泄气,但他很快就找到了发泄的渠道。只见他命人挖开楚平王的坟墓,拖出尸体,一直鞭打三百下才罢手。

伍子胥有个好朋友叫申包胥,在看到吴军攻入郢都之后便逃往山里,但他还是派人对伍子胥说:"你这样报仇,未免也太过分了!你原来是楚平王的下臣,即便是有再大的仇恨也不能这么做啊。如今这种复仇方式,简直是伤天害理到了极点!"

听了来人的劝告,伍子胥微微一笑:"请你替我转告申包胥,我就像是在太阳落山时,才发现路途还很遥远。因此,我必须要违背情理,必须要这么一直做下去!"

申包胥和伍子胥本是至交,一对好朋友。当

初，伍子胥在逃跑时曾对申包胥说："我一定要覆灭楚国！"申包胥则坚定地回应："我一定要保全楚国！"而且咬牙切齿的，曾经的好朋友就此分道扬镳。

如今楚国果真到了将要灭亡的境地，申包胥出马了。他只身一人跑到秦国，向秦国人苦苦求救，而且求救的方式非常特别。只见他在秦廷之上日夜痛哭，七天七夜都没有中断。这种架势令秦哀公终于心生怜悯，他说："楚昭王是个无道昏君，也活该亡国，但没想到他的手下竟然有这样忠贞的大臣，还是保全下来吧。"在这之后，秦国立即派遣精锐之师火速南下，全力援救楚国。

秦国派出的五百辆战车迅速抵达楚国，随即便向吴军发起攻击。吴军经过连续作战，早已非常疲惫，结果在稷地被秦军打败。由于吴军在楚国长期烧杀抢掠，也引发了当地民众的奋起反抗，形势已经对吴军非常不利。不仅如此，越国也乘机在背后发起袭扰，大军正逐渐紧逼吴都。

更为不利的消息还在传来。因为吴王长时间留在楚国，他的弟弟夫概乘机回到国内自立为王。听到这一消息后，阖闾不敢怠慢，立即宣布撤军，改而全力攻打夫概。夫概寡不敌众，兵败之后，逃到了楚国。楚昭王得知吴国发生内乱，立即率兵打回郢都，并把堂溪封给夫概。楚军再次面对疲惫的吴军时，忽然变得无比英勇。眼看己方已经处于劣势，阖闾只得下令撤军。

随着吴军的全线撤退，吴王和孙武谋划多年的伐楚之战终于暂时宣告一个段落。但是，吴楚之间的恩怨还会长久地持续下去，而且无休无止，仿佛永远没有一个终了的时刻。

何况大战之后，硝烟并没有就此散去，只是换了一处地点继续弥漫。

因为唐国成了吴国的引导，楚昭王复国之后，立即挥师灭了唐国。眼看楚昭王重新回到郢都，也对唐、蔡施以重拳，阖闾不敢怠慢，随即再次指挥吴军攻打楚国。楚昭王非常担心吴军卷土重来，只得再次被迫离开郢城。

"这该死的吴军，什么时候肯消停下来呢？"楚昭王在内心愤愤地骂道，但也无法改变现状。为了自保，他已经动起了迁都的念头。

五、恩仇与功过

1. 吴国迎来新对手

在遭遇短暂的挫折之后,阖闾和孙武都进行了认真的反思,及时地重新分析战争形势,为吴国重新把脉。

楚国虽凭借秦国的援助得以侥幸复国,但毕竟已是元气大伤,而且短时间之内无法对吴国构成严重威胁。因此,如果运作得当,战略方针制定合理,吴国君臣完全可以实现争霸中原的目标。

当然,究竟是先向北,还是先向南,这着实需要他们进行认真研究才能定夺。在复杂的局势之下,吴军还是要找准正确的主攻方向,努力避免多线作战,以免陷入被动局面。

在即位之初,阖闾目标宏大,不仅是南服越人,同时也要力争达成北威齐、晋,希望真正做成称霸中原的霸主。眼下虽说遇到一点波折,但吴国毕竟通过伐楚之战证明了自身实力。阖闾理应变得更有信心,吴国理应变得更加强大。

在孙武和伍子胥的劝慰和辅佐之下,阖闾决心重新走上称霸中原的道路。既然强大的楚国可以被吴军击败,放眼宇内,吴军一定可以击败任何对手。

当然,自信和自大之间,有时只存在着毫厘之差。前期的阖闾是自信的,但是,渐渐地,他就变得自大起来。

起初阶段,阖闾对伍子胥和孙武基本能做到言听计从,对他们设计的战略方针等也大多采纳,吴国因此才能在成功击败强楚之后,又基本降服了南方的越国,同时也威镇北方的齐国和晋国,为称霸中原打下了非常不错的基础。但是,等到后来阖闾渐生骄奢之气,局势便随之而发生变化。由于阖闾的狂妄自大,吴国的霸业呈现出高开低走之势。

既然想南服越人,越国自然就成为吴国的新对手。当时的越国日渐展露出强劲上升的势头,想要彻底制服它,并不容易。在此之后,吴、越先后成为争霸舞台的主角,共同书写了一段跌宕起伏的恩仇录。在双方争斗的早期，吴国君臣目标一致，同心协力，因此能够相对占据上风。为了防止越国的崛起，吴国除了陆续发起小规模的战争之外，还努力构筑了坚固的防线。他们不仅是下大力气构筑城墙，同时也努力训练军队，并大力改良部队的装备。加上孙武和伍子胥出色的指挥，此时的吴军凛然不可侵犯。越国对吴军虽说蓄谋已久，却始终奈何不得，并不敢越雷池一步。

吴越之间生死对决的局势之所以会发生转换，基本是因为阖闾而引起。在攻破强楚之后，阖闾已经志得意满，面对越国时所呈现的明显的优势地位，更令他渐生安逸享乐思想。

心态的改变，非常致命。阖闾忽然之间就像变了一个人一样，渐渐将当初的理想都置之脑后。他不仅大兴土木，挥霍无度，而且声色犬马，固执己见，对于孙武和伍子胥等人的忠言劝谏，也从来不会放在心上。阖闾和吴国的祸患便由此而至。

公元前496年夏天，阖闾在位已有十九个年头，越国的允常忽然传出病危的消息。越国的坏消息就是吴国的好消息，允常的病危，自然会令阖闾心头产生一阵窃喜。

允常是阖闾的老对手，与阖闾之间曾多次爆发冲突。出手最重，也最给阖闾添堵的一次，正是发生在吴军大规模伐楚期间。当时，吴军在楚国的战争正进行得顺风顺水，没想到越国军队忽然在背后捣起乱来。原来，越王允常看到吴国大举出征，后方守备空虚，便乘势出击，一直迫近吴国都城。此举令阖闾吃惊不小，连忙布置撤军。

如今老对手病危，自然令阖闾长出一口恶气。不久之后，阖闾就听到了允常去世的消息，他立即做出了乘势进兵的决定。在他眼中，继位

越王勾践

的勾践太过年轻，因此正是袭击越国的大好时机。于是，阖闾不顾伍子胥和孙武的劝阻，决定御驾亲征，仓促出兵，攻打越国。

越王勾践得知吴军大举来袭的消息后，并没有就此惊慌失措。他立即率兵在欈李一带积极迎战。双方接战之后，勾践多次派出敢死队挑战吴军，结果全部遭到失败。无奈之下，他只得使出奇招：派出一队犯下死罪的囚徒。这些死囚来到吴军阵前，并不是冒死冲向敌阵，而是忽然举剑自刎。这一行为让吴军大惑不解，越军则趁着吴军松懈之机发起猛烈攻击，就此打败了吴军。

更加糟糕的是，越国大夫还在乱战之中斩落了吴王阖闾的脚趾。主帅受伤，吴军被迫匆忙撤退。吴国大军才退出去七里地，阖闾的伤势已经变得非常严重，令太医都感到束手无策。死神从来不会将任何人放过，此刻也正在一步步逼近阖闾。

在临死之前，阖闾忽然意识到吴国将要面对的是一个非常棘手的劲敌，但他对太子夫差仍然充满信心，认为他一定可以击败勾践，重新夺回曾经的优势。

枯黄的灯光下，阖闾挣扎着坐了起来，喘息

良久,然后用微弱的语气询问夫差:"你能忘掉勾践的杀父之仇吗?"

只见夫差诚惶诚恐地跪拜在地上,高声回答道:"儿臣一定不敢忘记。"

夫差坚定的语气令阖闾感到非常满意,他微微地点了点头,随即就闭上了眼睛。气若游丝的他,已经说不出任何话来。

当天晚上,阖闾就病死了。夫差忍住悲伤,抬起头来,对着繁星点点的夜空长啸一声:"我要报仇!"

2. 新王即位,旧臣失宠

起初阶段,夫差确实一心想的都是复仇,找越国和勾践报仇。吴国上下受到感染,都能感受到复仇的火焰在胸中燃烧。战争的火苗在四处奔突,很轻易就能点着。

夫差的吴国,已经与阖闾的吴国大不一样。虽说阖闾攻陷郢都的壮举,已经足以震慑齐、晋,但吴国真正实现北威齐、晋的壮举,还要等到公元前484年。这些壮举,其实都是在夫差手中完成的,孙武也有参与谋划之力。当时,吴军在艾陵一带大败齐军，活捉了齐将国书，并在一年之后与晋定公争夺盟主。新王一度带来了新气象，假如阖闾地下有知，一定会感到非常欣慰。

没想到的是，夫差的执政生涯和阖闾非常相似，同样呈现出高开低走之势，同样令人唏嘘不已。

夫差继位之初，始终牢记父亲的遗志，致力发展经济扩充实力，积极进行战争准备。孙武见到这一气象，不胜欣慰，便决心和伍子胥一起，继续全力辅佐夫差，希望吴国继续走向强盛之路。

没想到的是，夫差摆脱不了"一朝天子一朝臣"的政治怪圈，当初受阖闾重用的老臣伍子胥，此时并不受夫差的青睐。

受到夫差重用的是另外一位楚国人伯嚭。为了复仇，夫差任命伯嚭为太宰，加紧训练士兵。三年后，夫差就发起了伐越之战。吴军上下同仇敌忾，越军收获一场惨败。越王勾践的身边只剩一些残兵败将，而且躲在会稽山上不敢露面。考虑再三，勾践派出大夫文种用重礼收买伯嚭。他们卑躬屈膝地向吴国求和，甚至答应君臣上下都做吴国的奴仆，心甘情愿地侍奉吴国人。

夫差在伯嚭的劝说下，准备接受这一请求。伍子胥听说之后，连忙加以劝阻："越王勾践能够忍受别人无法忍受的痛苦，一定不能轻视。请大王乘势一举歼灭他们，以免生出后患。"只可惜吴王听不进去伍子胥的这番规劝，而是对伯嚭言听计从。

夫差不仅接受了越国的求和之请，也完全忘记了父亲阖闾的临终嘱托。放过惩处勾践的这一良机，夫差收获了难堪的灾难，吴越相争的形势也在悄然发生改变。

数年之后，吴王听说齐景公去世，众大臣争权夺利，新君软弱可欺，是个难得的用兵良机，于是决定出动军队攻打齐国。

夫差突发奇想，攻打的正是自己的父母之邦，对此，孙武不便发表意见。更何况他无须像伍子胥那样，需要到故土复仇。

虽说身在吴国多年，但孙武对齐国的局势发展始终非常关注。此时的齐国究竟能不能攻打，吴军到底有无获胜的机会，孙武其实并没有多少把握。不仅如此，虽然田氏家族在齐国呈现上升势头，但吴军的获胜或落败，对他们家族的命运将会产生什么样的影响，孙武更是心中没底。

就在此时，伍子胥匆匆忙忙地向夫差表达了自己的观点。伍子胥向来是一副急性子。即便吴王已经很不耐烦，他还是苦苦相劝："勾践吃饭从来都不要两味荤菜，一直注意通过各种方式收揽民心，这明显是有所作为的架势啊。这个人一朝不死，就一定会成为吴国的祸患。如今他们能留在吴国身边就已经是大患了。大王您不先铲除越国这样的心头之患，却一心致力攻打齐国，这岂不是非常荒谬？"

此时的夫差，根本听不进伍子胥的规劝。只见他眉毛紧锁，已经拧成了麻花一样："不行，寡人决心已定，即刻起兵！"

既然夫差执意攻打齐国，孙武作为将军，也只能受命随队出征。吴军眼下并不会和他的家族发生直接对抗，也许还会帮助他们消灭竞争对手，这样的战争对于孙武而言，并不是最坏的选择。

在攻打齐国的前后，孙武的积极谋划对战争进程起到了重要的影响。结果，吴军在艾陵一带将齐军打得大败，令邹国和鲁国的国君都感到恐慌。

夫差志得意满地率兵回国。在这之后，他更听不进伍子胥的任何建议。

3. 功臣忽成罪人

越国这边，复仇的火焰同样在四处燃烧。所有的男人都在忙着耕种和训练，所有的女人都在忙着生育和桑麻。这些不同寻常的举动，当然都是为了针对吴国。他们在勾践的带领之下，全力以赴地准备复仇之战。局势正如伍子胥所预料的那样，迅速朝着对吴国不利的方向发展。

也许是在伐齐的过程中尝到了甜头，收获了自信，夫差忽然喜欢上北伐，于是连续对齐国用兵。此时，勾践不仅忙着带领越国群臣朝拜夫差，而且陆续献上丰厚的贡礼。勾践的反常之举令伍子胥感到无比害怕，他再次劝谏吴王说："越国是我们的心腹大患，我们不去处置，却连续向北用兵。虽然战胜齐国，却等于占领了一处满是石头的田地，毫无用处。"

虽说态度诚恳，吴王还是听不进去。不仅听不进去，他还派伍子胥作为使者出使齐国。伍子胥由此彻底心灰意冷，借着出使的机会，顺道把儿子带到齐国避难，而且委托给了鲍氏。

正是这一举动彻底惹恼了吴王，他立即赐剑

令伍子胥自杀。

正所谓"飞鸟尽，良弓藏；狡兔死，走狗烹"，伍子胥同样没能摆脱功臣遭到冤杀的悲惨命运。作为楚国人，他始终为吴国的兴盛而鞠躬尽瘁，但赤胆忠心不仅不被夫差所察，反而获此大祸，当然会失望透顶。他充满怨气地说道："请你们在我的坟头种上梓树，等它长到可以制器的时候，吴国就会灭亡了。也请把我的眼睛挖出来，放在吴都的东门之上，让我可以亲眼看到越国是怎么样灭掉吴国的。"

逼死伍子胥，夫差并不会掉下一滴眼泪，但是，当他听说齐国大夫鲍氏杀死齐悼公，却在军门之外痛哭了三日，然后再次从水上进兵攻打齐国。这一次，齐国军队众志成城，居然击败了吴军，夫差只得悻然回国。

但是，夫差并不会轻易放弃称霸中原的梦想。公元前483年，他成功胁迫鲁、卫两国国君在橐皋盟会，满足了一次充当盟主的欲望。一年之后，夫差又与诸侯在黄池盟会，继续追逐称霸中原的梦想。

就在夫差忙着举办盟会期间，越王勾践派出大军讨伐吴国。越国军队长驱直入，深入吴国腹地，还俘虏了吴国太子友。后方失守的消息传来，夫差感到非常震惊。他担心消息泄露，其他会盟的诸侯更不买账，于是就把知道这些消息的人全部当场杀死。

当时与夫差争夺盟主之位的是晋定公，二人在盟会上争执不下。

夫差充满霸气地说道："在周室的宗族之中，以我们的祖先排行最大。"

晋定公则冷冷地回应道："在姬姓诸国之中，只有我们晋国当过霸主。"

就在二人僵持不下的时候，晋国大夫赵鞅出现了。只见他怒气冲天地对夫差发起攻击，此举镇住了夫差。由于担心受到攻击，夫差只得做出让步，想当盟主的梦想最终还是破灭了。

夫差闷闷不乐地回到吴国，没想到还有更大的灾祸在等待着他。此后，勾践连续出兵攻打吴国，并最终俘虏了夫差，有了一洗前耻的机会。曾经卑躬屈膝的勾践，此时摆出一副成功者的姿态。他先是长出一口恶气，然后傲慢地对夫差说："如果你投降的话，可以在甬东给你留一块地。"

很显然，勾践想对夫差竭尽羞辱之能事，把

当年所受的种种屈辱还回去，结果遭到了夫差的断然拒绝。

面对曾经的手下败将，吴王满脸不屑地说道："我的年岁已高，已经不能侍奉越王了。"这句话明显是在讥讽勾践当初的卑躬屈膝。

勾践当然不愿意直接回应，夫差接着充满愤懑地说道："沦落到今天这般地步，我最后悔的是当初没有听伍子胥的劝告，否则哪里会有小人得志的机会。"说完这句话，夫差便伏剑自杀了。

为了复仇，勾践卧薪尝胆，经历了千辛万苦。终于，他亲手灭掉了吴国，也杀死了太多的人。但是，即便如此，他始终无法令夫差臣服。

该死的人，死了；不该死的人，也死了；很多无辜的人都死了。刀剑无情，但是贪婪的欲望远胜过刀剑。夫差的欲望一旦和勾践的欲望发生激烈的碰撞，就只能令无数人命丧黄泉。

即便是那些曾经帮助过自己的功臣，勾践也都不打算放过。到底是有功，还是有罪，全在勾践的一念之间，全凭他个人喜好。即便是立下赫赫战功，忽然之间就会变成罪人。无论是吴王那边，还是越王这边，全都是这般德行。

伯嚭虽然帮助过越王,却最早被勾践杀死,罪名是不忠。至于文种,也不过是重复了伍子胥的命运。在成功灭吴之后不久,文种便接到勾践的赐剑,他只能悲愤地选择自刎而死。据说只有范蠡幸免于难,及时地逃脱,因为他早就判断勾践是那种可以共患难但不可以同富贵的主儿。

4. 结局成谜

孙武默默地注视着眼前所发生的这一切,不免为自己的命运和前途感到一丝担忧。

对于伍子胥的悲惨遭遇,孙武当然会深表同情,但他无能为力。在夫差眼中,孙武其实是伍子胥的同党,同样对其充满戒备之心。

对于吴国的遭遇,孙武已经爱莫能助。因为自己全力以赴的辅佐,这个偏居一隅的小邦曾经威震天下,令中原诸侯一一臣服。然而此时,它正在沉重地加速下沉,等待它的将是万丈深渊。

吴国政坛发生的种种变化,伍子胥所遭遇的不幸,都逼迫着孙武努力思考出路。吴国早已因为钝兵挫锐而处于危险的状态,这一点不仅是伍子胥看到了,孙武也看到了。他们都深以为忧,但无能为力。如果想对夫差说那些"诸侯乘其弊而起"的道理,夫差能听得进去吗?显然不能,那就不如不说。伍子胥正是因为屡次强谏而丢掉了性命。面对贪欲膨胀而且顽固不化的夫差,孙武此刻只能选择沉默,或者是远走他乡。而且越快越好,越远越好。虽说寒冬尚未来到,但孙武已经感受到刻骨的寒冷。

孙武首先想到的是尽快离开吴国。刚愎自用的夫差,显然已经容不下任何人的真诚劝谏。但是,他能走得了吗?已经展示出一副卸磨杀驴德行的夫差,会轻易放过他吗?怕是不会。而且,即便是能够走脱,他又能往哪里走呢?哪里才是他的方向?

吴国显然已经留不得。留在这里,他只能成为夫差的殉葬品,和伍子胥一样的下场。至于越国和楚国,也不大可能会收留他。即便是暂时收留了,也会充满凶险。不仅因为它们是吴国的宿敌,更因为孙武曾全力辅佐吴国打败过它们。至于晋国,孙武曾早有预测和分析。在中衰之后,晋国的执政大夫你争我夺,局面早已乱如麻,甚至面临着分裂的危险。秦国,或者再往西,属于蛮荒之地。越国,或者再向南,再向前迈一步就已经是天涯。

想来想去，可能还是回到齐国更为可行。虽说鲍氏和田氏之间的争夺，正进入白热化，鹿死谁手，很难预料，可那里毕竟是自己生长的故乡。

但是，在乱世之中，谁也无法主宰自己的命运，孙武同样无法幸免。他可以将安国全军的理论分析得头头是道，而且令天下人为之折服，但他却无法保全自己，找不到出路。

在伍子胥惨死之后，朝臣都已经陷入人人自危的状态。自保尚且无暇，更没有人会注意到孙武的想法和去向。因此，关于孙武，不久之后就有很多种说法流传出来。有人说他已被夫差残忍杀死，有人说曾在姑苏城南的某座山里撞见过他，还有人说他早已悄悄地回到了齐国……

其实，谁都不知道孙武究竟去了哪里。一切都只是道听途说而已。当然，有一点倒是可以确信：孙武所著十三篇兵法并没有散佚，始终被世人传诵。

出版说明

"新编历史小丛书"承自20世纪60年代吴晗策划的"中国历史小丛书",其中不少名家名作已经是垂之经典的作品,一些措辞亦有写作伊初的时代特征。为了保持其原有版本风貌,再版过程中不做现代汉语的规范化统一。读者阅读时亦可从中体会到语言变化的规律。

新编历史小丛书编委会

图书在版编目（CIP）数据

孙武传 / 熊剑平著. — 北京：文津出版社，2023.11

（新编历史小丛书）

ISBN 978-7-80554-876-0

Ⅰ. ①孙… Ⅱ. ①熊… Ⅲ. ①孙武—传记 Ⅳ. ①K825.2

中国国家版本馆 CIP 数据核字（2023）第 12247 号

责任编辑　王铁英　张　帅
责任营销　猫　娘
责任印制　燕雨萌

新编历史小丛书

孙武传
SUN WU ZHUAN

熊剑平　著

出　　版	北京出版集团
	文津出版社
地　　址	北京北三环中路 6 号
邮　　编	100120
网　　址	www.bph.com.cn
总 发 行	北京出版集团
印　　刷	北京汇瑞嘉合文化发展有限公司
经　　销	新华书店
开　　本	880 毫米 ×1230 毫米　1/32
印　　张	3.25
字　　数	48 千字
版　　次	2023 年 11 月第 1 版
印　　次	2023 年 11 月第 1 次印刷
书　　号	ISBN 978-7-80554-876-0
定　　价	24.80 元

如有印装质量问题，由本社负责调换
质量监督电话　010-58572393